海

絲卷

絲路小史

郭曄旻————著

中華書局

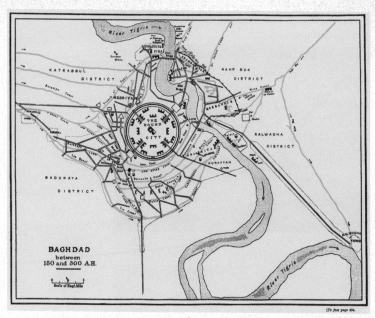

1

2

1　公元 8 到 10 世紀的巴格達

2　9 世紀巴士拉（伊拉克）陶匠用不透明白釉仿製中國青花瓷

1　16世紀，葡萄牙在馬六甲海峽設立的軍事基地

2　元代刺桐海舶模型

1

2

1　古代泉州海港繁忙景象（泉州海外交通史博物館內壁畫，馬耀俊）

2　15 世紀歐洲人筆下的馬可波羅到過的泉州

迪亞士雕像

14 世紀微型畫：方濟各會修士鄂多立克向教皇約翰二十二世彙報他出使中國的結果和旅途中的見聞

1

2

1　越南美山的占城遺址

2　占城遺址

欽定四庫全書　　　　子部十二

湘山野錄　　　　　小說家類一雜事之屬

提要

　臣等謹案湘山野錄三卷宋僧文瑩撰文瑩
　字道溫錢塘人文獻通考引晁公武讀書志
　以為吳僧今按讀書志實無吳字通考誤也
　其書成於熙寧故以湘山為名讀書志作四卷
　州之金鑾亭故以湘山為名讀書志作四卷

欽定四庫全書　　湘山野錄

挑瓢擊忽有石落海岸得之滴水磨色染物則盡顯
而夜晦諸學士皆以為無擋寧曰見張騫海外異記
後杜鎬撿三館書目果見於六朝舊本書中載之
真宗深念稼穡開占城稻耐旱西天菉豆至多而粒大
各遣使以珍貨求其種占城得種二十石至今在處
播之西天中印土得菉豆種二石不知令之菉豆是
否始植於後苑秋成日宣近臣嘗之仍賜占稻及西
天菉豆御詩

1

2

1　四庫全書收錄的《湘山野錄》對宋真宗推廣種植占城稻的記載

2　宋代稻穀，廣西封開出土（廣東博物館藏）

徐光啟和利瑪竇

P. Matthæus Riccius Macerat. è Soc. Jesu prim: Chrĩanæ Fidei in Regno Sinarum propagator.

Lÿ Paulus Magnus Sinarum Colaus Legis Christianæ propagator.

1

2

1    1573 年的幾何原本

2    幾何原本（故宮博物院藏）

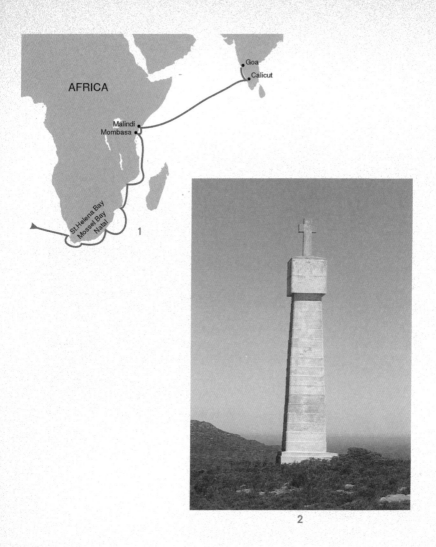

1　達伽馬航線
2　好望角的達伽馬紀念碑（James G. Howes，2006）

1

2

1   胡格利河邊荷蘭東印度公司（1665 年）

2   香料三塊，泉州灣後渚港宋代海船出土（泉州海外交通史博物館藏，俄國慶）

1

2

1　「黑石」號上打撈出的茶盞子

2　荷蘭繪畫中東印度公司的瓷器倉庫（倫敦維多利亞和阿爾伯特博物館藏）

瑞典「哥德堡」號

1

2

3

1  唐代白釉碗（山東博物館藏）

2  元代青花瓜竹葡萄紋大盤

3  明代盤龍花紋青花瓷

1

2

1　斯德哥爾摩中國宮外景

2　斯德哥爾摩中國宮內景

1

2

1 馬六甲三寶廟

2 鄭和雕像

1

2

1　位於南京寶船船廠的「中型」寶船

2　寶船內部

1

2

1　鄭成功，19 世紀日本《萬國人物圖會》（緣紫舞提供）

2　1634 年日本紅封船（朱印船）（東京海軍科學館）

鄭成功畫像（中國台灣博物館藏）

蒲壽庚蠟像（泉州歷史名人紀念館，福建泉州
府文廟，楊興斌）

1

2

1　波托西銀礦

2　西班牙銀幣（湛江市區百姓村建築工地出土，湛江市博物館藏）

1　江蘇南京明城墙上的古炮（鄭晨烜）

2　湯若望

# 目錄

# 前 言

　　中國有着超過一萬公里的海岸線，中華先民的原始航海活動可上溯到新石器時期，但海上貿易路線的開拓則始自秦漢。西漢武帝時開拓了南海絲綢之路，中國的海船已經能遠航印度洋，以中國的絲綢與南亞、東南亞各國交換特產。東晉時期的高僧法顯自今斯里蘭卡乘船，本想經耶婆提（今印度尼西亞爪哇）回國到廣州，但因途遇狂風惡浪，迷失方向漂至山東青州登陸。到了8世紀中葉，東西方的海上交通和貿易往來空前繁榮，海上絲綢之路也有了新的突破。中國海船已經有能力從廣州起航，穿過馬六甲海峽至印度南部，又沿印度南部西岸北上，再沿海岸線西行至波斯灣，最後抵達今天的巴格達。

　　唐代中期後，大批阿拉伯和波斯商人正是通過這條海上絲路，僑居在中國東南沿海各大商業城市。廣州已是國際貿易大港，不僅是東西方貨物的集散中心，而且也是「漢蕃雜居」的要地。當時廣

州外國人很多，已經有稱為「蕃坊」的外國商人集居地。當時從外國輸入廣州的主要商品是香料、珍珠、象牙、犀角等珍品，而輸出的商品主要是絲綢、瓷器和金銀、銅錢。外國輸入的商品要納稅3/10。珍貴的物品由當地政府收買專賣，名曰「收市」或「榷」。光是由政府收買專賣的收入，就等於當地兩稅的收入。如《舊唐書·王鍔傳》記載：「榷其利，所得與兩稅相埒。」可見對外貿易的稅收給唐政權帶來了豐厚的收入。這些海外客商（蕃客）在中國落地生根，繁衍生息，宋元之際甚至出現了蒲壽庚這樣掌控福建海外貿易大權的風雲人物，而他所在的泉州（剌桐港）也成為當時世界第一大港。

中世紀的阿拉伯旅行家伊本·白圖泰記載：「當時所有印度、中國之交通，皆操之於中國人之手。中國船舶共分三等……大船一隻可載一千人，內有水手六百人，士兵四百人，另有小艇三隻附屬之。」中國古代造船業與航海業的輝煌也在明朝初期登峰造極。大航海家鄭和從公元1405年至1433年曾先後七次率船隊遠航，經歷了30餘國，最遠到達非洲東岸和紅海沿岸港口。鄭和每到一地都以中國的絲綢、瓷器等物換取當地的特產，或饋贈當地的國王，並於每次出訪回國時，邀請各國使節同來中國訪問。這樣，來中國通好的使節越來越多，到第六次回航時，竟有多達16國的使節隨同船隊來中國。

鄭和之後，明代再也沒有出現過如此規模的遠航船隊，中國人

將大航海時代的光榮與夢想拱手讓給了西歐列強。1497 年 7 月 5 日，在全城一片歡呼聲中，勇敢的探險家達‧伽馬的船隊駛離了葡萄牙首都里斯本。經歷了 10 個月的艱難航行，1498 年 5 月 20 日，「以耶穌和香料的名義」，達‧伽馬的船隊終於在印度的卡利卡特登陸。達‧伽馬也成為第一個繞過非洲大陸到達印度的歐洲人。從這時起，整個世界開始連為一體。隨着海外貿易的發展，中國古代的發明創造，如指南針、火藥、造紙術和活字印刷術、瓷器、醫學、中草藥等也像最初絲綢一樣，被傳播到世界各地。同時外國的特產，如珍珠、寶石、犀角、象牙、香料；礦產如沙金、白銀、黃銅；植物如棉花、龍眼、緬茄、占城稻，以及從南美引入的玉米、番薯、煙草、花生、向日葵、土豆、西紅柿等新品種也傳入中國。這種發明創造和生產技術的互相交流，促進了人類歷史前進和社會生產力的發展。

明代朝廷嚴厲的海禁並不能阻止客觀的經濟規律。雖海禁森嚴，閩、粵沿海商人仍出海到東南亞各地經商。公元 1567 年，明朝政府終於開放漳州月港，開闢了一條由南海航線派生出去的，經馬尼拉通向美洲的新絲綢之路。這條從漳州月港起航經馬尼拉到美洲的新航線的開闢，意味着中國絲綢通過海上絲綢之路幾乎遍及全世界。當時的中國絲綢在國際市場上是所向無敵的。即使像西班牙

這樣強大的歐洲殖民者，雖然可以征服拉丁美洲和菲律賓而稱霸一時，但對中國絲綢壟斷馬尼拉市場卻束手無策。儘管一道道禁令限制中國絲綢進口，限制白銀外流，但都以失敗告終。

從 16 世紀後期開始，海商集團登上了中國的歷史舞台。1633年，在鄭和結束了史詩般的航海傳奇之後整整兩百年，對於那些一個多世紀以來橫行在東方海域的歐洲殖民者來說，肆無忌憚的日子突然結束了。災難降臨得令人難以置信。在他們的眼裏，灰蒙蒙、怪石嶙峋的中國海岸，只有好看熱鬧的百姓、索賄撒謊的官員與懦弱無能的士兵。而在這個早晨，一切都變了。對手的英勇令他們吃驚。殖民者的三艘夾板船被焚毀，一艘被俘，84 名荷蘭人被生擒，另有許多死傷。這就是料羅灣大捷。取得這場勝利的不是明朝的官軍，而是鄭芝龍與他的海商集團。

中國歷史上從來沒有哪個海商集團的規模可與鄭芝龍的相比。鄭芝龍的船隊最多時約有 3000 艘船隻，往來於東南亞等地。鄭氏集團在經濟上主要從事海上貿易，以追求商業利潤為目的，為保護海上貿易而建立水師，並用商業利潤來維持它的水師。其海上貿易與海上武裝的形式，與西方擴張者完全相同（唯一缺乏的是來自官方的支持）。他們已經學到當時世界上最先進的航海、貿易與作戰的技術，並可能通過貿易與截獲的形式獲得歐洲海上最先進的裝備——

帆船與大炮。鄭芝龍實際上是明朝末年中國海商階層的代表人物，他與鄭鴻逵等人進入南明隆武政權，是中國歷史上唯一一次海商集團進入帝國的統治中樞並發揮重要作用。然而，鄭芝龍留下的「海商帝國」最終隨着 1683 年施琅收復台灣宣告傾覆。清政府消滅了民間海商力量；在西方擴張的世界格局內，中國也再次失去了競爭海上的機會。

清政府將海上絲綢之路的控制權拱手讓給了西方殖民者。在英國東印度公司對華貿易史上，中國茶葉是其「商業王冕上最貴重的寶石」，「而中國有世界上最好的糧食——大米，最好的飲料——茶，最好的衣物——棉、絲和皮毛，他們無需從別處購買一文錢的東西。」於是，英國人只能非常不情願地拿硬通貨——白銀，來交換茶葉，直到英國人發現一種貨真價實的毒品：鴉片。殖民者將英國毛紡織品運往印度銷售，然後從印度購買鴉片，運來中國出售，最後從中國購買絲、茶回英倫，即「中國向英國出口茶、絲，英國向印度出口毛紡織品，印度向中國出口鴉片」，使得鴉片作為享樂性的奢侈品，迅速在中國社會普及。那是真正冰火兩重天的世界，英國人喝茶養生的同時，中國人吃大煙自戕。當林則徐的「虎門銷煙」及大規模禁煙運動企圖打斷已然形成的英國利益鏈條時，既然鴉片能代替白銀，維持每年給英國政府提供 300 萬 ~400 萬英鎊財政收入的茶葉貿易，既然鴉片是英印中三角貿易的基石，英國人最終選擇了以戰爭暴力來恢復它——這就是鴉片戰爭。

第一章

歷史的榮光

## 見證陸海絲路的興替
# 巴格達和巴士拉雙城記

這裏有底格里斯河，已經把我們同遙遠的中國聯繫起來。

—— 阿拉伯帝國阿拔斯王朝哈里發曼蘇爾

## 「天賜花園」

在阿拔斯王朝（750—1258 年）統治下，阿拉伯文明經歷了大約一個世紀的黃金時代。帝國哈里發十分重視興修水利，使「肥沃新月」地帶、中亞的阿姆河和錫爾河流域、埃及的尼羅河流域等地區的農業得到恢復和發展，加之阿拉伯帝國境內的豐富資源和過境貿易，為帝國商業的發展創造了條件。一如穆罕默德先知所說：「真主的恩典百分之九十在交易中。」在當局的鼓勵與扶植下，阿拉伯商人的足跡逐漸遍佈了亞、非、歐三大洲，並順着絲綢之路到達中國。

阿拔斯王朝的第二任哈里發曼蘇爾動用了 10 萬工匠，用 4 年時

間和 1800 萬金幣，於公元 766 年在底格里斯河的西岸建起了新都巴格達。在波斯語中，「巴格達」是「神的贈賜」的意思。在很短時間內，不同出身、不同信仰的人紛紛入住巴格達，人口很快就達到了100 萬，巴格達成為當時可與唐朝長安齊名的國際大都市；而今天的時尚之都巴黎當時僅有 5000 人口，西方人心中「永恆之城」羅馬的人口也只有 3 萬。今天的人們，還可以從時人的讚歎聲中體會它的尊榮：「巴格達，世界的中心，地球的中央，獨一無二。它的規模最龐大，它的建築最莊嚴，它的河流最充盈，它的空氣最純淨。看呀，它就在那裏，這是個偉大神奇的城市，這裏的人們來自世界各地，你會見到各式各樣的人。」

　　巴格達在哈里發曼蘇爾時期，不但是帝國的政治中心，也是經濟中心。當時的阿拉伯人創造了輝煌的物質文明，把巴格達建設成為一個驚人的財富中心和具有國際意義的大都會，號稱「古代世界最強大的首都之一」，「一個舉世無匹的城市」，其商業貿易十分繁榮。巴格達市場上有從中國運來的瓷器、絲綢和麝香，城裏甚至有專賣中國貨的市場，以滿足人們對於中國商品的狂熱追求 —— 中國的絲織品是當時上層階級最優雅時髦的穿着；市場裏有從印度和馬來群島運來的香料、礦物和染料；有從中亞突厥人的地區運來的紅寶石、青金石和織造品；有從斯堪的納維亞和俄羅斯運來的蜂蜜、黃蠟和毛皮；有從非洲東部運來的象牙和金粉。帝國的各省區用駝隊或船舶把本省的物產運到首都：從埃及運來大米、小麥和夏布；

從敍利亞運來玻璃、五金和乾果；從阿拉伯半島運來錦緞、紅寶石和武器；從波斯運來絲綢、香水和蔬菜。

## 陸上絲路盛極而衰

在曼蘇爾時代的稍早些時候，巴格達和中國的陸路交通是從巴格達東面的呼羅珊門，由著名的呼羅珊大道（這條大道基本就是絲綢之路的中段）經伊朗、中亞，直至今吉爾吉斯共和國境內的奧什，再自奧什東南行，過特列克山隘至中國新疆的喀什 —— 當時西域南道的商業中心，循絲綢之路至長安。

阿拉伯商人最初大多經陸上絲綢之路到達中國。哈里發朝廷在商路上為客商設置了宿舍和驛站，開掘了水井，設立換馬站，無數商隊湧向東方，陸上絲路一時響徹駝鈴聲。僅根據漢文史料的記載，從永徽二年（651 年）到貞元十四年（798 年），來到長安的大食（阿拉伯帝國）使節先後就有 39 批。20 世紀 60 年代，在今西安市西窯頭村的一座晚唐墓葬中，出土了三枚阿拉伯金幣，其年代分別為公元 702 年、718 年和 746 年。這便是阿拉伯半島與中國通過陸上絲綢之路往來的實物證據。唐代前期，陸上絲綢之路臻於極盛。在怛羅斯戰役後被俘，曾先後在中亞、西亞、非洲十餘地遊歷和生活過，總計流離阿拉伯帝國 12 年的杜環在他的《經行記》裏記載，當時中國的綾絹機杼已經流入阿拉伯帝國，他還目睹一些唐朝

工匠（金銀匠、畫匠及紡織技術人員）在當地工作，例如「漢匠起作畫者」京兆（今陝西西安）人樊淑、劉泚，「織絡者」河東人（今山西西南部）樂陵、呂禮，等等。

就在杜環於怛羅斯被俘的數年後，歷時八年的「安史之亂」（755—763 年）爆發，大唐帝國的國勢急轉直下。為應對國內危局，唐廷的西域駐軍東調內地平叛，遂令西北邊防陷於空虛。早已虎視眈眈的吐蕃趁機北上，侵佔河西走廊與隴右。公元 790 年，吐蕃軍隊進一步攻陷孤懸於外的安西、北庭兩都護府，唐朝的軍政勢力永遠退出了西域。陸上絲綢之路也隨着戰亂導致的政治版圖的碎片化而陷於「道路梗絕、網絡不通」的困境，當時的詩人杜甫也在詩中有「乘槎斷消息，無處覓張騫」（《有感五首》）的哀歎。安史之亂之後，唐代社會的政治、經濟發生了重大變化，中原歷經兵燹，山河破碎，經濟殘破，陸上絲綢之路的繁華盛景一去而不復返了。

公元 762 年，杜環終於得以乘坐商船從阿拉伯半島啟程，回到廣州。他從陸上絲綢之路進入阿拉伯半島，卻從海路返回故國，恰是極富象徵意義的舉動：陸上絲綢之路在這一時期盛極而衰，但東西方的聯繫並未因此中斷，未來屬於海上。更值得玩味的是，同時期的哈里發曼蘇爾選中原本籍籍無名的村落巴格達作為首都的理由之一就是「這裏有底格里斯河，已經把我們同遙遠的中國聯繫起來」。

## 海上絲路的興起

此消彼長。在陸上絲綢之路從巔峰滑落時，海上絲綢之路正欣欣向榮。古代中國傳統的外銷商品，除了絲綢，另有瓷器。唐代瓷器製造業有顯著發展，且瓷器一經出口即受到海外各國人民的歡迎，從而成為中國一項新的大宗出口品種。瓷器的主要產地在遠離西北陸上絲綢之路的華南地區，而且瓷器是一種沉重又易碎的商品，傳統的需要翻越崇山峻嶺的陸上絲綢之路，及以運力有限的駱駝為主要交通工具的運輸方式已無法滿足瓷器出口的需要。海上運輸具有行駛平穩、載重量大等優勢，因而對於瓷器的出口貿易而言，海路運輸比陸路運輸更為適宜。安史之亂之後，隨着經濟重心的南移，傳統絲綢主要產地也在南移。到北宋時，僅兩浙一路（今浙江、上海與江蘇鎮江以東的蘇南）上繳的絲織品就達全國的35%，可見南方已成絲織品主要產地。加之隨着唐代經濟的發展，對境外香料的需求趨於增加，而所需香料的產地主要集中於南海各國及大食等海路交通發達的國家。因此，無論是陶瓷與絲綢的出口還是香料的進口，都對海上絲綢之路的發展起了很大的促進作用。

與此同時，唐代造船業有了新的發展，所造船舶不僅載重量大大提高，而且堅固性增強，適宜遠洋航行，因此一些外商出於安全考量也願意搭乘中國商船往來貿易。唐代人們對季風、潮汐的規律有了初步的掌握，對海洋地貌的認識也有了進一步加強。造船、航

海技術的進步使海上航行的風險性大大降低，從而為國人開展大規模對外貿易活動提供了可能。唐代的造船能力傲視世界，造船工場遍佈各地，僅揚子（今江蘇儀征）一地就有造船場 10 所。唐代的商船大者可載 600～700 人，載重萬石。其船舶之龐大、堅固以及運輸量之大，都是當時的洋船無可比擬的。時人盛讚：「只有龐大堅固的中國海船，才能抵禦波斯灣的驚濤駭浪而暢行無阻。」

因此，《漢書》裏中國商船航行到今天的印度「苦逢風波溺死，不者數年來還」的悲慘記載已經成為陳跡，中國通往波斯灣的航線有了新的突破。記於 8 世紀末的《廣州通海夷道》詳細記錄了中國海船從廣州起航，穿過馬六甲海峽至印度南部，又沿印度南部海岸西上，再沿海岸線西行至波斯灣，航行到波斯灣的盡頭，全程最短時間只需驚人的 89 天。1980 年阿曼蘇丹曾卡布斯倡議並資助了一次以仿古雙桅三帆船由阿曼首都馬斯喀特直航東方大港廣州的考察巡遊活動。該船以阿曼古都「蘇哈爾」命名，不裝備現代動力設備和科學儀器，僅憑藉季風鼓動風帆，以羅盤針、牽星術定方位航程。全船有船員、潛水員、海洋生物學家、攝影師、醫生共 20 餘人。當年 11 月 23 日，「蘇哈爾」號帆船從馬斯喀特起航，沿着唐代海上航線駛向中國，途經中外歷史文獻記載的多個海域，總航程 6000 英里，歷時 216 天，於 1981 年 7 月 1 日順利駛入珠江口，停靠在廣州的洲頭咀碼頭。此舉無疑進一步證實了古代阿拉伯世界與中國的海上絲路交通的真實存在。

# 「中國商港」

　　巴格達雖然是陸上絲綢之路西路的交通樞紐，但陸上絲路的衰落並未影響它的繁華。有賴於哈里發曼蘇爾頗有遠見的選擇，巴格達得以在陸上絲路衰落後順利轉型為海路交通樞紐。北方的商品經小亞細亞、亞美尼亞在底格里斯河上游的阿米達（今土耳其境內迪亞巴克爾）用木筏裝載下運。從海上來的東亞和南亞的貴重商品經波斯灣在巴士拉登陸或轉載上行，波斯灣上航行的輕載貨船甚至可以一直開到巴格達。地中海一帶的商品經今土耳其的安塔基亞取陸路，經敘利亞的阿勒頗到達幼發拉底河畔的拉卡，船載順流而下，在安巴爾轉入伊薩渠。這是一條通航的運河，引幼發拉底河水東南流，經西巴格達注入底格里斯河。西來的貨物就由這條運河運載到卡爾赫。巴格達在底格里斯河的碼頭長達數英里，停泊船隻成千上萬，有巨艦、遊艇、木筏、牛皮舟，還有中國帆船。

　　而地處巴格達以南，底格里斯河與幼發拉底河交匯處附近的巴士拉，更是因為大批中國貨物上溯美索不達米亞平原由此中轉，而被阿拉伯史家稱為「中國商港」。這與巴士拉因河網密佈被日後的西方人稱為「東方的威尼斯」相映成趣。作為中世紀美索不達米亞平原的主要出海口（但因地理變遷，海岸線淤塞外推，現已遠離波斯灣），巴士拉的故事遍佈在《一千零一夜》中，辛巴達就是從巴士拉出發周遊世界的。它也是《廣州通海夷道》記載的廣州通往波斯灣

航線的終點。

　　當裝載着唐朝陶瓷的船隻經印度洋駛抵巴士拉時，這些精美絕倫的陶瓷給當地工匠以啟發，使他們開始嘗試自己的新創造。雖然當地缺乏基本原料，又沒有高溫的燒窰技術，但工匠們就地取材，採用伊拉克南部的黃色黏土，模仿中國陶瓷的形狀和顏色創造出自己的產品。值得注意的是，他們非常注重視覺效果，努力用黃色黏土製造出不透明的白釉碗，從而根本性地改變了西亞陶器的狀況及其作用。最初，美索不達米亞平原的古陶器在 700～800℃下燒製，巴士拉工匠仔細觀察了中國陶瓷，然後模仿其形狀，採用了中國的製坯成形技術，將窰溫提高了近 200℃，從而製作出自己的產品。工藝的交流並不是單向的，阿拉伯工匠不是簡單的模仿者。早期巴士拉飾有藍鈷的陶器傳到遠東後，反過來給中國工匠以啟發，他們嘗試着將白色、青色聯合運用在陶瓷上。14 世紀，工匠們克服了技術上的困難，能在高溫下使用藍鈷，最終成功地製作出精緻的青白瓷，給陶瓷世界增添了一朵奇葩，也詮釋了通過海上絲綢之路，東西方工藝的雙向交流對人類藝術產生的深遠影響。

　　今天的巴格達與巴士拉仍然保有伊拉克共和國第一、第二大城市的地位，但它們的鼎盛時期早已留在千年以前。彼時，這兩座城市是海上絲綢之路西端的終點，見證了絲綢之路這一東西方經貿與文化往來通道的陸海興替。

# 月港：海禁大門上唯一開放的窗

## 「刺桐港」的崛起

自唐睿宗景雲二年（711 年）改武榮州為泉州（今南安豐州），唐玄宗開元六年（718 年）徙泉州府治於今泉州市後，泉州港憑藉其港灣深邃，晉江暢通，可進出巨大遠航木帆船，而成為「梯航萬國」、「海道所通，賈船所聚」的貿易港，在日益繁盛的東西方海上貿易中，亦佔有一席之地。公元 9 世紀中葉，阿拉伯著名的地理學家伊本・胡爾達茲比赫在他所著的《道程及郡國志》一書中，即把泉府（Djanfou，泉州）同交州（Loukin，今越南河內）、廣府（Khanfou，廣州）、江都（Kantou，揚州）並列為中國的四大貿易港。

當時，廣州的地位尤為重要，唐朝海上絲綢之路航線主要是從廣州起始的，被稱為「廣州通海夷道」。它分為從廣州至大食國（阿拉伯帝國）巴士拉港的東航路，和抵達阿拉伯半島及亞丁灣、東非、紅海航道的西航路，以烏剌為東西航路的交會點。至於泉州，其對東南亞的貿易條件不如廣州（及交州），對東北亞的貿易條件也不如揚州，故而在當時的諸大港口中只能居末位。

五代時期，泉州先後歸屬王氏閩國與名義上臣服南唐的軍閥留從效。自 946 年起，留從效掌控漳州、泉州達 16 年之久。當時周長僅 3 里的泉州城太狹小了，無法適應海外貿易所帶來的商業興盛。留從效開始進行拓展泉州城的偉大工程。留氏新版築的泉州城，城牆周長達 20 里 83 步，高 1 丈 8 尺，共設 7 門。城外有壕，碧水環流，縈回如帶，的確宏偉壯闊。在拓建中，留從效特別重視面向港口的城東「仁風門」和城東南「通淮門」的設置，使港城聯繫更加便捷。城內的街道加寬了，客棧、庫房也興建起來了。所有這些都大大有利於貨物運輸及商旅活動。值得一提的是，沿城環植的著名風景樹刺桐，給往來客商留下了極其深刻的印象，自此「刺桐港」之名便流傳海外。阿拉伯人來到泉州港，他們依照刺桐城之意，譯其作「麥第涅特扎桐」（Medient Jeytoun），前一詞為「城市」，後一詞為「刺桐」。此後，泉州港別名為「刺桐港」。直到宋元以後，阿拉伯人及其他外國人仍稱呼泉州為「Zayton」。

入宋之後，很長時間內廣州港依然獨佔鼇頭，這從宋政府為

管理海外貿易而設立專門機構市舶司（或稱提舉市舶司）的時間就看得出來。市舶司的主要職責大體相當於現在的海關，掌管進出港商舶，負責貨物的征科和抽解，防止漏稅和違禁品走私，招徠外國商客，進口海外物產，處理對外貿易事務，等等。開寶四年（971年），宋太祖始置市舶司於廣州；太宗端拱二年（989年）和真宗咸平二年（999年），又分別於杭州、明州（今寧波）設置市舶司，仍然沒有泉州的份。三者之中，「廣州自祖宗以來興置市舶，收課入倍於他路」。到了熙寧九年（1076年）又變市舶法，罷廢杭、明二州市舶司，只保留廣州市舶司負責抽解。這樣一來，凡泉州船舶欲往海外經商者，均須先到廣州市舶司呈報，領取公憑，方許出國。回航時又須先經廣州市舶司抽解，違令者沒收其貨物。不用說，這對泉州海商的貿易活動是非常不利的，正如當時的泉州知府上書朝廷所說的：從泉州通商海外，本冬去夏回，一年即可往返。如今卻須於冬天乘北風先至廣州，辦理手續，住上一冬，待越冬始得發舶往南海，第三年才能回來。泉、廣間海道又有礁石淺灘之險，加上官吏乘機敲索，費重利薄，自然商旅裹足，難怪去南海的商船日少，而廣州的市舶課稅年虧。針對這種情況，戶部尚書李常建議，只要在泉州設立市舶司，便可息弊止煩。但這個意見直到宋哲宗元祐二年（1087年）才被採納，「泉州增設市舶，從戶部尚書李常請也」。

泉州市舶司的建立意味着從此以後，無論泉人賈海外，還是蕃舶至泉州，再也不必繞道寄港廣州，而可以直接通航了，這為他們

集散商品、僱募艄公和儘量減少商業利潤的無謂耗損提供了有利條件，自然促成了遠航海外的熱潮。何況泉州港的地勢本就十分優越：其水面廣闊，深度較大。據研究，北宋後期的泉州港，海水深度在七米以上，因而可供大型海船大量駐泊。除此之外，泉州港的興旺還有另外一個保障：當時福建的造船工藝技冠全國。閩船尖底，三桅，十三個水密隔艙，舷側三重板，底部二重板，除採用高低樺密合外，又用鐵釘、鈎釘釘合，板縫填塞麻絲、竹茹，粘以桐油灰。這就保證船隻牢固，頂風抗浪力強，吃水深，劈水有力，航速較大。按照呂頤浩的說法：「臣嘗廣行詢問海上北來之人，皆云：南方木性，與水相宜。故海舟以福建船為上，廣東、西船次之，溫、明州又次之。」

## 一個重要家族的遷入

當時泉州的海外貿易與廣州相比有其特色。譬如泉州市舶司的官員每年要祈風兩次，春天一次，秋天一次 —— 春天要祈求南風早日來臨，好歡迎海外的蕃商及回歸的泉州商人；秋天祈求北風，是為了讓去東南亞貿易的商人一路順風。而廣州市舶司每年只於五月祈風一次，秋天不祈風 —— 廣州人一般不到海外貿易，他們只需等待蕃商前來貿易，所以，每年他們只要為蕃商的到來祈一次風就可以了。

宋代的福建海商紛紛冒險去海外貿易，這種情況在中國其他地區相當少見。當然，也因為這一原因，福建成長起了本地的海商集團，這同樣是中國其他港口罕見的。福建沿海船民長年於海上航行，積累了豐富的航海經驗和駕駛技能，「風色既順，一日千里，曾不為難」，「舶由岱嶼門，掛四帆，乘風破浪，海上若飛」，使得泉州海商船隊擁有遠航海外的優勢。直到南宋前期，泉州大海商還多為本地人，其中許多成為億萬巨富。但南宋中期以降，本地海商「破蕩者多，而發舶者少」，海外貿易的主導權逐漸轉到「賈胡」手中，其中就有一個對日後的泉州歷史產生重要影響的蒲氏家族。

這個蒲氏家族的來源至今仍未有定論，其原因在於見諸史冊之時，他們已經很大程度上本地化了。翻閱古籍，有人說他們是阿拉伯人，有人說他們來自波斯，更有人說他們是西域回紇人，莫衷一是。不過，大部分學者更傾向於其是從廣州遷居泉州的阿拉伯人後裔這個說法。這個家族的祖輩從事香料貿易，曾經寓居占城（今越南中南部沿海）。唐朝時期，蒲氏先人遷居廣州，「彼時為廣東第一富豪，統理外國貿易⋯⋯富甲兩廣，總理諸番互市」。到了宋代，廣州蒲姓雖然富極一時，但很快就沒落了。

南宋時期，蒲開宗把整個家族從廣州遷到了泉州。定居在泉州的蒲開宗，帶領族人翻開了新的篇章。他一邊繼續從事以販運大宗香料為主的海外貿易，一邊跑去泉州安溪當起了安溪縣的主簿。1974 年，在泉州後渚港發掘出一艘南宋遠洋貨船，載重 200 多噸。

船上香料遺存豐富，有降真香、檀香、沉香、乳香、龍涎香、胡椒等。一些學者認為，這艘海船很可能就是蒲氏家族的香料船，與蒲家香業有密切的聯繫。為了鼓勵蒲開宗的貿易活動，南宋政府賜給他「承節郎」的官銜，雖然不是大官，但這是有官階的，比他之前當的主簿分量重多了。當時，在泉州獲得這種榮譽官銜的中外著名商人，有阿拉伯商人蒲羅辛、福建綱首蔡景芳。他們分別是因載乳香來泉州抽解價值 30 萬貫和販入海外寶貨收息錢 98 萬貫，而被授以「承信郎」的。蒲開宗的承節郎比他們還要高一階，説明他販運或招徠的蕃貨更多，對泉州港海外貿易的貢獻更大。尤須注意的是，蒲開宗於修祠造橋之類的社會公益事業也多有介入，並由此博取了一定的好名聲。

蒲開宗死後，其子蒲壽庚繼承父業，繼續做香料生意，至 1252 年，他已大顯身手了。史稱他年少時「豪俠無賴」，可見他具有一種豪爽頑強的海商性格。以後的事實更説明，他不僅在經營海外貿易方面很有本領，而且在外商中負有威望，故而壟斷泉州香料海外貿易近三十載，「以善賈往來海上，致產巨萬，家僮數千」。在海上貿易中影響力巨大的蒲壽庚終於被南宋政府看中，從而登上了泉州市舶司提舉的寶座。在如此重要的港口，一反常規地起用一個蕃客商人來擔任市舶使，説明當時的宋廷意圖藉此招徠更多的外商前來貿易，從而增加舶税的收入。

# 泉興而穗衰

「天下熙熙，皆為利來；天下攘攘，皆為利往。」蒲氏家族由廣州遷往泉州，恰是穗泉兩港此消彼長，興衰易位的縮影。

泉州港設立市舶司後，海外貿易急驟增長，泉州港迅速崛起。北宋哲宗紹聖二年（1095 年），泉州永春縣知縣江公望在其《多暇亭記》中，描寫了泉州城的海外貿易狀況：「希奇難得之寶，其至如委。巨商大賈，摩肩接足⋯⋯」當時泉州人口已經大為增加，到徽宗宣和初年（1119 年），泉州城內外畫坊八十區，人口已達 50 萬。

徽欽「北狩」，宋室南遷之後，寧波港在宋金戰亂中遭到重創，而倖免於戰亂的泉州港的地位則穩步上升。泉州市舶司在國內市舶本錢的分配份額方面，更已具有獨佔鰲頭的趨勢。高宗建炎二年（1128 年），朝廷給度牒、師號二十萬貫付福建路，十萬貫付兩浙路充市舶本錢。數年之後，經廣南路的請求，才付給它空名度牒三百道，紫衣、兩字師號各一百道充作市舶本錢。南宋前期，度牒每道售價在三十至二百貫之間。師號售價不詳，可能稍貴。但即使全部以最高價格二百貫計算，也不過八九萬貫。市舶本錢是港口經濟標尺的重要一環。由此可見，泉州市舶的發展程度一時已超越廣州，躍居全國首位。在南宋高宗、孝宗和光宗三朝，泉州港持續發展。故而「慶元之前，未為難者，是時本（泉）州田賦登足，舶貨充羨，稱為富州」，又稱為「樂郊」、「樂土」。

泉興穗衰的原因很多。首先，宋廷定都臨安，北方人口南遷，江南人口激增，消費力也陡然上升。尤其是建炎初年，宋高宗決定將大批宗室人口遷入福建，分別安置於福州與泉州。南外宗正司直接駐入泉州城，使泉州港擴大海外貿易有了無法言喻的緊迫性。建炎年間宗子 300 多人，一個世紀後的嘉定年間增至 2000 多人，紹定年代又增至 3000 多人。這些侈靡相尚的皇族人口，是高級蕃貨的重要消費者，原有的供給根本無法滿足統治者的奢侈需求，這大大刺激了海上貿易的發展。

　　當時，廣州舶貨綱運到杭州需要六個月，泉州則只需要三個月。而在實際運輸過程中，耗時則更短。據宋人的記載，海船順風，「閩中荔枝，三日到永嘉（浙江溫州）」、「四明（寧波）海舟自福唐來，順風三數日至」，以此為基礎，自泉州至慶元府（寧波）約需九日，然後換裝江船，從慶元府城下循浙東運河至杭州約需十一二日。所以，略計自泉州港發綱，順風二十日左右即可將貨物送達臨安，這在當時是相當快的速度。顯然，泉州因其地理優勢更具競爭力，更容易得到宋廷的青睞和支持。乾道三年（1167 年）占城使者、淳熙五年（1178 年）三佛齊使者先後北上進奉，宋朝政府均「詔免赴闕，館於泉州」。泉州港竟然成了海外進奉國的終點站，風光一時無二。

　　反觀廣州港，吏治的腐敗愈加放大了其在地理上的劣勢。所謂「奸吏舞文，遠人被害」，於是「官吏或侵漁，則商人就易處，故三

方（指泉、廣、兩浙）亦迭盛衰」。當時的大食蕃客蒲羅辛、蒲亞里在泉、廣的迥異遭遇，就是一個生動例證。紹興元年（1131年），蒲亞里載運大象牙二百九十株、大犀角三十五株到廣州，估算價值五萬多貫。如依泉州市舶司則例，當補官。但廣州市舶司不但不予官職，還在「給還蒲亞里本錢」問題上肆意克扣。一直到紹興四年（1134年），蒲亞里才拿到本錢，「置大銀六百錠，及金銀、器物、疋帛」一批。不料七月初，忽又被幾十名武裝強盜上船劫走，強盜當場砍傷蒲亞里並殺死其蕃僕四名。廣州港市舶司的吏治腐朽如斯，黑白通吃，連蕃客的人身安全都沒有保障，他們自然只能用腳投票，棄穗往泉。廣州港也就只好拱手把海外貿易的黃金地位讓給泉州港了。到高宗末年，泉州已可與廣州匹敵；到南宋後期，泉州更是「號為天下之最」，成為中國最大的外貿海港。

## 東方第一大港

宋元之際，北方鐵騎歷史上第一次飲馬南海之濱，地處偏僻的閩粵兩地亦難免兵燹。元軍三入廣州，廣州港因備受蹂躪而元氣大損。元朝統治者對廣州軍民的頑強抗爭感到惱怒，至元十五年（1278年）初下令「夷廣州城」，更使長期繁榮富庶的廣州遭受災難性打擊。相比之下，泉州所受戰爭創傷要輕得多。由於當時已升任南宋福建、廣東招撫使，兼統兩省海舶的地方實力派蕃客蒲壽庚叛

宋降元，泉州被保住了，港口貿易亦未曾中斷。蒙古統治者對海外貿易採取了積極提倡的態度，泉州歸屬元朝後，即受到元世祖忽必烈的特別重視和大力扶持。至元十四年（1277年），當東南一帶還是烽煙滾滾的時候，元世祖便下令首先在泉州設立市舶司，招徠海外貿易。元政府為了確保泉州港在海外貿易中的優先地位，甚至還在至元十八年（1281年）特地規定：「商賈市舶物貨，已經泉州抽分者，諸處貿易，止令輸稅，不再抽分。」此後，大德元年（1297年）「改福建省為福建、平海等處行中書省，徙治泉州」，作為行省政治中心，這在泉州歷史上是從未有過的事情。與此同時，蒲壽庚又一次升官，被元朝皇帝任命為福建行省左丞，掌泉州市舶司，負責管理海外諸國貿易相關事務。這就使得入元之後，泉州港作為國內最大海外港的地位更加穩固，並邁入黃金時代。

元朝時，泉州港已成中外海上交通的樞紐，一個名副其實的世界性港口。《島夷志略》所載元代與泉州有海道貿易關係的國家和地區，除澎湖外，計98個，比宋代《諸蕃志》記載的增加了三四十個之多。歐洲的傳教士、商人和旅行家自波斯灣的霍爾木茲登舟，前赴印度南端直至中國的門戶泉州。而發自泉州的東方貨物，則經阿曼海及波斯灣，川流不息地運往歐洲。泉州地位之重要，誠如大德六年（1302年）泉州人莊彌邵在《羅城外壕記》一文中所評價的：「泉本海隅偏藩，世祖皇帝混一區宇，梯航萬國，此其都會……四海舶商，諸番琛貢，皆於是乎集。」

繁榮的海外貿易帶來泉州城域的又一次擴張。元至正十年（1350年）的擴城工程是最大的成就。這次工程把羅城由今塗山街一帶向南擴建，一直到臨近晉江北岸，跟原來的翼城連接起來，從而使城周達到30里。這個歷史上的最大範圍，把最繁華的城南商業區大部分包羅了進來。

　　除此而外，元代的泉州已看不到前代的「造橋熱」，代之而起的，是各種宗教競相比美的興建教堂熱潮。眾多的阿拉伯式、波斯式、印度式、意大利式和中國式的宗教建築，把這座國際都市點綴得奇瑰無比。這裏的居民構成從來沒有這樣複雜過。除了漢人和蒙古人外，來自阿拉伯、波斯、亞美尼亞、印度、占城、爪哇、呂宋，以及遙遠的非洲和歐洲各地的人們，簡直像潮水般湧入這座城市。此時的外國人，無論人數或國籍，都要比南宋時多得多。在這些膚色不同、服飾各異的人中，又以頭裹白巾，來自波斯和阿拉伯的穆斯林居多，故當時的詩人描寫道：「纏頭赤腳半蕃商，大舶高檣多海寶。」這構成了元代泉州都市的最大特色。

　　作為東方第一大港，處於鼎盛時期的泉州港以其空前的繁榮和多色調的都市風貌，為世人所矚目。歐洲人所稱中世紀的四大遊歷家，即馬可·波羅、鄂多立克、馬黎諾里和伊本·白圖泰竟都來過泉州，並為它的極盛歷史作證。第一個為我們揭示這一幕歷史場景的，是中世紀最著名的遊歷家、威尼斯人馬可·波羅。「刺桐港」的繁榮富庶，尤其是這裏的商貨、寶石、珍珠輸入之多，令他讚不絕

口。他在著名的遊記裏寫道：「……到第五天傍晚，抵達宏偉秀麗的刺桐城。在它的沿岸有一個港口，以船舶往來如梭而出名……運到那裏的胡椒，數量非常可觀。但運往亞歷山大供應西方世界各地需要的胡椒，就相形見絀，恐怕不過它的百分之一吧。刺桐是世界上最大的港口之一，大批商人雲集這裏，貨物堆積如山，的確難以想象。每一個商人，必須付自己投資總額百分之十的稅，所以，大汗從這個地方獲得了巨額的收入。」

而鄂多立克與馬黎諾里兩位天主教修士記錄「刺桐城為大商港」之餘，也不忘以傳教士的熱忱提及「吾小級僧人在此城有華麗教堂三所」。

至於 1347 年來華，從泉州港登岸，在中國境內旅遊了數年之後復抵泉州，然後乘船西歸的摩洛哥旅行家伊本·白圖泰更是在他的遊記裏詳盡描繪了元代後期（紅巾軍起義在華北爆發的前夕）泉州港的繁榮盛況：「刺桐港為世界上各大港之一，由余觀之，即謂為世界上最大之港，亦不虛也。余見港中，有大船百餘，小船則不可勝數矣。」他還看到，「……商店，充滿貴重貨物，若生絲、花綢、金飾、花衣、紗緞（即泉緞）之類」。

元代泉州港的富庶繁榮影響所及，甚至遠在波斯的伊利汗國著名史學家拉施特也在巨著《史集》中提道：「刺桐為商港，海舶輳集。」可以相信，在 13、14 世紀，它的名字是那樣為世人所熟知，就像現代的人們熟知紐約、東京一樣。甚至到了 15 世紀 70 年代，當著名

的航海家哥倫布着手東航時，也知道在令人神往的中國，有這麼一個舉世無匹的巨港。當時，意大利學者保羅・托斯加內里在向他介紹東方情形的信中就這樣寫道：「蓋諸地商賈，販運貨物之巨，雖合全世界之數，不及刺桐一巨港也。」足見黃金時代的泉州港給遙遠的歐洲人留下了多麼深刻的印象。

# 澳門：大航海時代的海上明珠

## 悄悄易手的彈丸之地

在為西班牙國王服務的哥倫布朝西航行發現新大陸的時候，同處伊比利亞半島的葡萄牙人則在努力開闢通往東方的新航路。繼1488年迪亞士發現好望角之後，1497年，達·伽馬的船隊繞過好望角，於1498年闖入印度洋，來到印度半島海岸。印度洋千百年來祥和平靜的氣氛被打破了，葡萄牙人宣告：根據教皇仲裁、西葡兩國簽訂的條約，葡萄牙國王有權統治亞洲和非洲。

短短十五年之後（1513年），葡萄牙人終於到達了中國。這也是馬可·波羅時代之後，第一批從海路到達東方的西歐人。他們的

面孔，時而是豪俠氣概的外交使節，時而是錙銖必較的商人，時而是兇惡猙獰的匪類。總的來說，商人的貪婪壓倒了使節的高貴，而海盜的兇暴又使前兩者黯然失色。這年的 5 月，喬治・阿爾瓦雷斯（Jorge Aloares）受葡萄牙駐馬六甲總督派遣前往中國，抵達廣東珠江口外的屯門島，並立石碑為志，表示這個小島已是葡萄牙國王的領地了。

這當然是一廂情願。在 20 多年中，從波斯灣的霍爾木茲到馬六甲，葡萄牙軍隊在東方幾乎所向披靡。但在中國，佛朗機（明朝對葡萄牙的混稱）的使臣被囚，艦隊連遭重創，戰俘又被盡數處死，他們只能哀歎敵人「比我們想象的強大得多」。

在大明帝國的強大武力前碰壁之後，葡萄牙人決定改變策略，以求在中國貿易中有立足之地。1553 年，葡萄牙人佔據隸屬廣東省香山縣的澳門。在抵達中國 40 年以後，他們終於選定了自己在中國乃至整個遠東地區活動的新中心。大約在 1550 年，葡萄牙遠東貿易船隊的船長索扎親自出面活動，通過各種渠道，終於與廣東海道副使汪柏拉上關係，送禮求情，說了不少好話。汪柏受賄之後，同意葡人進入澳門貿易，並允許他們上岸搭篷曝曬被風浪打濕的貨物。據索扎稱，他是向中國人做出保證之後，獲准在澳門貿易的。他所說的達成協議，並不是簽訂什麼正式條約，只是他買通了廣東官方人士而已，這完全是汪柏受賄後私相授受之舉。

如此這般，「廣州香山郊關之外，遂為鬼國異域之區」。葡萄牙

人始反客為主，在澳門設關征稅，建房出租給到澳門貿易的外國商人。一方面，由於葡萄牙人在澳門的生存完全仰賴於中國，「中國政府只需命令商人、手藝人和僕役停止貿易及勞作，從那裏撤退，並隨即發佈命令，斷絕對當地居民的供應，征服者便只能放棄此地」，葡萄牙人在很長時間內對明廷表現得畢恭畢敬，按時向廣東地方政府繳納澳門地租銀和稅銀，幫助廣東地方剿滅海盜，甚至將製造「紅衣大炮」的技術傳授明廷以固寵。

但另一方面，葡萄牙人在澳門關閘以內組織議事公局，每三年舉行一次選舉，同時還建立警衛隊，設立海關，向在澳外國船隻收取關稅，儼然以主人自居。1586 年，葡萄牙政府賦予澳門「自由、榮譽和顯要地位」，賜名「中國的上帝聖名之城」。到了 1623 年，葡萄牙駐印度總督甚至任命了澳門首任總督，擅自賦予其管理澳門的權力。這個當時面積不到 10 平方公里 —— 不及北京市東城區的四分之一 —— 南海之濱彈丸之地，遂悄然變成了西歐殖民者在中國建立的第一個據點。

## 緊閉國門上的一扇窗口

葡萄牙人盤踞澳門時，大明帝國的海禁政策已經實行了一個多世紀。早在朱元璋稱帝不久的洪武四年（1371 年），明廷已下令「仍禁瀕海民不得私出海」。非但朱元璋在世時三令五申海禁，曾經大規

模派遣鄭和統率船隊進行史無前例遠洋航行的明成祖，打着維護祖制的幌子從建文帝手中搶來皇位後也立即在《即位詔》中宣佈：「緣（沿）海軍民人等，近年以來，往往私自下番，交通外國，今後不許。所司以遵洪武事例禁治。」於是，「海禁」政策作為歷代明朝皇帝不敢輕易的「祖宗舊制」延續到了 16 世紀。《大明律》明文規定，「擅造二桅以上桅式大船，將帶違禁貨物下海，前往番國買賣」，主犯比照「謀叛」斬首！

鑒於嚴厲的海禁政策，私人下海販易被視為違法，海外商船來華貿易也受到嚴格的控制；大明帝國將自己封閉在國門之內，只留下了一扇小小的窗戶 —— 由官方嚴密控制的「朝貢貿易」。所謂「凡外夷貢者，我朝皆設市舶司以領之……其來也，許帶方物，官設牙行與民貿易，謂之互市」。

1522 年後，明朝廷關閉了廣州以外的市舶司，廣州口岸成為朝貢貿易的唯一渠道。正是因為全國大部分沿海港口都無法正常地執行外貿功能，才給了澳門乘勢而起的發展空間和機會。澳門屬淺水港口，水靜灣圓，在 16、17 世紀的帆船時代，適於帆船停泊。澳門的季風氣候也為當時靠風力航行的帆船提供了便利因素。對內，澳門至廣州的直線距離僅 100 多公里，水路船運內航可以直達廣州及粵西南沿江沿海各埠，外航可以徑直放洋出海；陸路交通也有蓮花莖石磯連接內地，以廣州為商品採購和流通的集散地，依托整個中國為經濟腹地。對外，作為大明帝國懷柔遠人的手段，葡萄牙人享

有一年兩次進入廣州直接貿易的特權，近水樓台的澳門遂成為各國貿易的必經之口，西方國家在東方貿易最大的中轉港和貿易中心。

## 環球貿易網絡的支點

明代後期的葡萄牙人主要經營着三條將整個已知世界連接起來的海上商路：第一條，從澳門至印度果阿，再至葡萄牙里斯本的亞歐航線；第二條，澳門至日本長崎的東亞航線；第三條，澳門至菲律賓馬尼拉，再至墨西哥的亞美航線。

每年 4 月至 5 月間，由葡萄牙王室任命的一名海軍上將率領兩艘大帆船（每艘載重 600～1600 噸，可搭載 50～600 人），配備着火槍大炮，滿載着毛織品、紅布、水晶、玻璃製品、佛蘭芒鐘、葡萄酒、印度棉花和棉布等貨物，以及原產美洲經里斯本運來的白銀，從印度果阿出航。在正常情況下，它將停靠在馬六甲，把船上的部分貨物換成香料、檀木、蘇木，以及暹羅（今泰國）產的鯊魚皮和鹿皮，然後再航行到大明帝國允許葡萄牙人居留的澳門。在澳門，為了組織運往日本的大量中國生絲和絲織品，他們通常必須等待 10 至 12 個月：因為在廣州只有上半年才能買到生絲和絲織品。在停泊澳門期間，大商帆隊的司令官，那位海軍上將就擔任葡萄牙駐澳門的最高行政長官（總督）。

第二年，這兩艘不受明朝「特嚴禁販倭奴者，比於通番接濟之

例」禁令限制的葡萄牙大帆船乘着 6 月底至 8 月初的西南季風航行到日本九州，航程通常要十二三天。在日本停留到 10 月底或 11 月初，把生絲、絲織品、棉布等中國商品以高昂的價格迅速脫手，然後再乘東北季風返航澳門，從日本載運出來的商品除了大量的白銀外，還有漆器、畫有金葉的紙屏風、和服以及日本刀、長矛等鐵器。這些白銀通常會在澳門卸下來，用以購買次年運往果阿的中國生絲、絲織品、黃金、麝香、珍珠、象牙和瓷器。在西運的貨物中，生絲占主要份額，「運自中國的絲綢數量幾乎令人難以置信，每年從中國運往葡萄牙、東印度群島的絲綢有 10 萬公斤……」

　　葡萄牙商帆每次從果阿往返日本需要三年時間，隨着貿易的不斷發展，日本每年進口的中國生絲都保持在 5 萬公斤以上，而用作貿易結算的日本白銀則成為葡萄牙人在東亞貿易的重要資本。由於當時日本的金銀比價（大約為 1：10）遠遠超過中國，因此把從日本獲得的白銀載運到廣州購買中國的生絲、黃金，能夠獲得厚利。據說其利潤率保持在 70%～80%，有時超過 100%。

　　作為這樣一個環球貿易網絡的中心城市，「聚海外雜番，廣通貿易」的澳門迅速興起，嘉靖末年的「夷眾」已經超過萬人，到了萬曆年間，澳門的居民更達「十萬餘眾」。自開埠到 17 世紀 40 年代初，澳門已從一個僅有少數臨時建築物的荒島華麗轉身成為一個亞洲重要的海上貿易中心。島上居民包括葡萄牙人、華人、日本人、印度人、非洲人以及歐亞混血。成書於 17 世紀末的《葡萄牙的亞洲》

一書這樣描述這一時期澳門的興旺景象：「這裏是中華帝國最繁榮的港口。僅葡萄牙人每年就從這裏運走五萬三千箱絲織品，各重十二盎司的金條三千二百個，七擔麝香、珍珠、砂糖、陶器。」它同時也是中西方文化交流的管道，葡萄牙人將美洲食用植物引入中國種植，如玉米和甘薯，這些高產作物對日後的中國歷史產生了極為重大的影響。

## 黃金時代的結束

可惜好景不長，澳門的鼎盛時代在 17 世紀中期戛然而止。1637年 10 月，日本島原（今屬長崎縣）37000 名信奉天主教的農民發動起義，震動全國。統治日本的德川幕府動員 13 萬大軍，費時 3 個月才將這次起義鎮壓了下去 —— 須知，即使在 1600 年決定日本前途的關原大戰中，獲勝的東軍（德川方）也僅有 7 萬人，且只用了 1天就決出了勝負。由於起義者的宗教背景與葡萄牙人相同，加上葡萄牙「顯貴要人趾高氣揚，傲睨萬物，無名小卒則唯利是圖，貪得無厭」，早已使自己在日本的形象一塌糊塗，原本就已眼紅貿易巨利的荷蘭人趁機落井下石。商務監督柯逕必克（Kochebecker）向日本德川幕府大進讒言，聲稱教徒暴動是葡萄牙人煽動的，使得驚魂未定的第三代幕府將軍德川家光在第二年（1638 年）就下了第五道也是最為嚴厲的「鎖國令」，徹底斷絕了與澳門的葡萄牙船隻的貿易往

來。1639 年年底,又把葡萄牙人全部驅逐出境,「使葡萄牙人的希望遭到破滅」。在 16、17 世紀之交的數十年裏,葡萄牙人每年僅經營澳門至長崎這條航線,貨物價值即達 100 萬兩白銀,江戶幕府廢絕澳門—長崎貿易,令澳門喪失了經濟生活的重要支柱,也終結了澳門的「黃金時期」。

屋漏偏逢連夜雨。步步緊逼的荷蘭人進一步摧毀了葡萄牙人的海上霸權。早在 1602 年荷蘭東印度公司正式成立時,已經發誓「為了我們自己的國民,我們必須對西班牙人和葡萄牙人執行敵對戰略,展開鬥爭!」17 世紀早期,荷蘭艦隊數次直接進犯澳門卻未得手,「海上馬車伕」隨即轉向另一個目標 —— 葡萄牙在東方最重要的據點馬六甲。1640 年 8 月,荷蘭駐巴達維亞(今雅加達)總督安東尼奧‧范‧迪耶曼出兵 1500 人聯合柔佛馬來人(馬六甲的故主)在馬六甲登陸,將葡萄牙守軍包圍在要塞中。在長期圍困下,要塞裏糧食奇缺,一加侖大米賣到 10 英鎊,甚至還出現了人吃人的現象。到了 1641 年 1 月,葡萄牙守軍被迫投降,將佔據了整整 130 年的馬六甲拱手讓出。馬六甲易手,歐洲—果阿—馬六甲—中國航線中斷,葡萄牙人苦心經營數十年的以澳門為中心的環球貿易體系宣告崩潰。

縱然如此危急時刻,澳門的葡萄牙當權者仍在「痛飲於焚屋之下,而不知覆溺之將及」。「在澳門的葡萄牙人已如此狂亂,他們每天都要使某個同胞血濺屍橫。而殘暴成性的總督更是一任接連一

任，貪污欺詐數不勝數。」結果，澳門從一度令廣州也相形見絀的國際大商埠地位急速跌落，至康熙二十四年（1685 年），在澳門的葡萄牙商船已不足 10 艘了。康熙三十九年（1700 年），澳門人口已經萎縮到 4900 人，只及黃金時代（1640 年）的十分之一；之後更是淪落成為以博彩業為主的「東方蒙地卡羅」與苦力貿易中心。

唯一可以聊以自慰的是，在文化上，直至 1840 年以前，澳門仍是中國對外交流的重要窗口。自明代萬曆年間開始，西方傳教士絕大多數是先從歐洲乘船至澳門，在澳門學習一段時間後再進入內地的。1583—1805 年，經澳門入內地的西方天主教耶穌會傳教士多達 460 餘人，占該時期來中國傳教的天主教耶穌會傳教士的 80% 以上。正如李約瑟博士所指出的：「在文化交流史上，看來沒有一件事足以和十七世紀時耶穌會傳教士那樣一批歐洲人的入華相比，因為他們充滿了宗教熱情，同時又精通那些隨歐洲文藝復興和資本主義興起而發展起來的科學。」「即使說他們把歐洲的科學和數字帶到中國只是為了達到傳教的目的，但由於當時東西兩大文明仍互相隔絕，這種交流作為兩大文明之間文化聯繫的最高範例，仍然是永垂不朽的。」

# 被世界改變的中國

## 舶來的稻米
# 占城稻改變了舌尖上的中國

甘山廬阜鬱長望，林隙依稀漏日光。

吳國晚蠶初斷葉，占城早稻欲移秧。

迢迢澗水隨人急，冉冉巖花撲馬香。

望眼盡窮飛鳥遠，白雲深處是吾鄉。

——蘇軾《歇白塔鋪》

## 古國占城

越南擁有 3000 多公里的海岸線。在其漫長的海岸線的中央位置，坐落着越南最後一個封建王朝阮朝（1802-1945 年）的首都 —— 順化，其擁有堪稱迷你版北京紫禁城的越南故宮。而在距離這座故都不遠處，就是另一座曾在越南戰爭中聞名世界的港口：峴港。

今天的順化和峴港是毫無爭議的越南領土，但歷史上的情況並

非如此。越南歷史上的著名政治家和文學家阮廌曾在漢文名篇《平吳大誥》中自矜「大越之國實為文獻之邦」，而恰是越南本國的正史《大越史記全書》，記載了公元 10 世紀末越南獨立國家（「大瞿越國」）初建時，其南部疆界尚在橫山（在北緯 18 度）。而順化與峴港，尚在橫山之南。

越南中南部曾有一個如今已經不復存在的古國，名為占婆補羅（Campapura），其中的「補羅」是梵文「城邑」的意思。在中國和越南史籍上，亦稱之為「占城」。占城是中南半島上一個歷史悠久的小國，早在公元 2 世紀就已建國。占城的領土範圍在最大時從現今越南北部的橫山山嶽沿着中部海岸延伸到南部的藩切與柬埔寨（扶南／真臘／高棉）接壤，相距近 1000 公里。與深受中國文化影響的越南不同，早期占城曾受到印度文化的強烈影響，甚至被西方學者稱為古代「印度教化王國」。印度文化對占城的宗教、風俗、文字、思想、政治、法律等方面都有深刻影響。占城國內有着界限分明的等級制度，類似於古代印度的種姓制度，分為四個等級：婆羅門、剎帝利、吠舍、首陀羅，前兩個為特權統治階級。王權佔據上風，國王有生殺任免大權。

經濟上，由於占城的領土狹小，缺乏像南北兩個鄰居（越南和柬埔寨）那樣的大規模發展農業的條件和充分的糧食保障，《明史》稱之為「國無二麥，力穡者少，故收穫薄」。其統治者難以依靠充足的剩餘農產品來支持其政治抱負。這也就迫使占城人去開發他們的

豐富礦藏、森林資源，並加強沿海貿易及從事其他海上活動（包括捕魚和海盜）來保證其經濟收入。占城有漫長的海岸線和重要的地理區位優勢，處於當時東西方海上交通的要道上。樟腦、檀香木、糖、鉛和錫等土產成為占城的主要出口商品。

當時的占城海上貿易很活躍，也是中國與阿拉伯、印度等國商品交換的中轉站。佛逝（Vijaya，今越南中南部的平定）的港口屍利皮奈（今歸仁港）曾經是占城的重要商港，亦是外國商舶會聚之處。大約 10 世紀中葉至 13 世紀中葉是占城中轉貿易最繁盛的時期，宋人周去非在《嶺外代答》一書中指出，占城是「海外諸蕃國」中西南諸國的「都會」之一。與宋朝有密切貿易關係的阿拉伯等國商船東來時往往在占城逗留，然後從占城出發，走海路的話若順風半個月就可以到達廣州，往江浙一帶也只需要一個月。伴隨阿拉伯商人的東來，公元 7 世紀中葉至 8 世紀中葉，伊斯蘭教開始傳入占城地區，到 9 世紀末，有許多阿拉伯人在占城定居，占城南部的賓瞳龍已存在一個穆斯林商人的聚居區。《新五代史》和《宋史》均記載占城的「風俗衣服與大食國相類」。

## 絲路首站

唐宋以後，海上絲綢之路進入興盛時期。宋代的造船和航海技術取得了巨大進步。東南沿海主要海港都有發達的造船業，造船產

量十分可觀，尤其福建，「海舟以福建為上」。宋船種類多、載量大。「海商之艦大小不等。大者五千料，可載五六百人，中者二千料至一千料，亦可載二三百人」，五千料約合三百噸。中國海船有多道水密隔艙、平衡舵等設備，載重大，速度快，船板厚，船身穩，能調節航向，抗沉性能強，並使用了鐵錨。而同時期大食、日本等國船在性能、載量及安全係數上相差甚遠。在航海技術上，宋代的主要成就有三項：「一是對海洋潮汐的研究；二是航海圖的繪製；三是將指南針用於航海。」航海更為安全、準確、迅速，因而很多外國的商人、使節都願搭乘中國商船。這些都為海商大規模遠洋貿易提供了前提和保障，大大促成了宋代海外貿易的興盛。

占城與宋朝的官方貿易，仍是以傳統的通貢方式進行的。兩宋三百多年間，雙方通使凡 74 次。占城以進貢為幌子賣到宋朝的商品，主要有香料、藥材、犀象、玳瑁、絹、綢、布、金銀器等，其中以香料為大宗。建隆三年（962 年）占城「入貢」，其中乳香一項就達「千二百斤」。香料既是宋代上層社會的奢侈品，又是重要的藥用原料，進口量很大，以至「中州人士但用廣州舶上占城、真臘等香」。不過占城並不是香料的原產地，顯然是轉口貿易而來。

占城政府對宋朝商人前往當地貿易也極為重視，對於中國商船，只徵收 20% 的進口稅。《諸蕃志・占城國》卷上載：「商舶至其國，即差官摺黑皮為策，書白字，抄物數，監盤上岸，十取其二，外聽貿易。」在此同時，占城商人也循着相反的方向前來宋朝的海

港貿易，一如宋代士人王禹偁所說：「占城、大食之民，歲航海而來賈於中國者多矣。」久而久之，占城客商在中國落地生根，繁衍生息。宋元時期，占城移民及其後裔已遍佈東南沿海，其中以居住於海南者「尤有聲價」。今天的海南島上生活着一支回族，與其他回族一般使用當地的漢話不同，海南島的回族使用一種與島上漢、黎、苗各族語言迥然不同的「回輝話」。這種獨特的語言屬於遙遠的南島（馬來 - 波利尼西亞）語系，最近的「親戚」則是今天仍然存在於越南中部的占語（Cham），在漢語長期影響下仍保留了相當多的原有特點。比如「魚」，在馬來語、拉德語（Rhade，越南占語的一支）、回輝話中分別讀作 ikan、akan、kaan；數字「五」則為 lima、ema、ma。這從語言學上證明，海南島上的回族正是 10 個世紀之前從海路而來，定居於海南島上的占城商人的後裔。

到了明代前期，海上絲綢之路進入全盛時期。占城國乃鄭和的龐大船隊出航後首先訪問的國家。《明史》記載，鄭和的第一次出航為永樂三年六月十五日（1405 年 7 月 11 日），船隊從太倉劉家港（今瀏河入長江處）起航，出長江口駛入東海，向南至福建長樂港停泊，以待風汛，然後由五虎門（今閩江口）揚帆穿越台灣海峽，破浪前進，進入南海，經過十來個晝夜的航行，便到達占城國的新州港（即今越南中南部的歸仁）停泊。這裏便是鄭和出航的第一中轉站。此後鄭和船隊的歷次航行，在進入南洋之前，都無一例外地首先在占城國停留。占城成為中國與東南亞、南亞、西亞及歐洲海上

交通的重要中繼站。這是因為占城是一個重要的淡水供應地，一如越南人黎崱所撰《安南志略》所説：「占城國，立國於海濱。中國商舟泛海往來外藩者，皆聚於此，以積新水，為南方第一碼頭。」

在前後長達二十多年的七下西洋中，鄭和船隊曾在占城設立大本營，以制定並實施中國與東南亞各國的貿易與經濟計劃，有力地促進了中國與東南亞各國海上貿易的發展，並有助於東南亞地區的穩定與繁榮。

## 占城稻

早在漢代張騫通西域後，一大批此前中原人聞所未聞、見所未見的異草奇木、珍禽異獸、奇貨寶物沿着絲綢之路輸入漢土。今天，尚能從胡桃、胡麻的「胡」字上尋覓到其域外出身；而葡萄、石榴、祖母綠（一種寶石）等，從名字看已然完全本土化，以至於明代大醫學家李時珍也誤解「葡萄」為「人之則陶」，一點都不知道它是外來詞。

海上絲綢之路大興後，中國給外國帶去了絲綢與瓷器，而域外則「反哺」了中華大地幾種重要的農作物，其中值得大書特書的就是「占城稻」。

占城的農業雖然受地理條件限制並不發達，但占城人耕種的稻米（稱為「占城稻」）卻很有特點。據《宋史・食貨志》記載：「稻

比中國者，穗長而無芒，粒差小，不擇地而生。」大約在唐末宋初，占城稻便沿着海上絲綢之路被引入了福建種植，隨後這種農作物甚至得到了宋朝最高統治者的高度重視。大中祥符四年（1011 年）宋真宗「以江淮兩浙稍旱即水田不登，遣使就福建取占城稻三萬斛，分給三路為種，擇民田高仰者蒔之，蓋旱稻也。內出種法，命轉運使揭榜示民」。

中國自古以農立國，具有重農的傳統，但由皇帝親自引進和推廣一個具體的品種，實是歷史上空前的。因此，占城稻的引進是中國農業生產上的一件大事，對中國的水稻生產產生了巨大的影響。在皇帝的親自推廣下，占城稻的種植從最初的福建，推廣至江淮、兩浙地區，再逐漸傳播到北方、嶺南、湖南等地區，並且在各地又衍生出一些新品種，最後逐漸融入整個中國水稻品種體系中並發揮重要作用。

俗話説，「民以食為天」，占城稻引入對中國農業的意義可謂深遠。首先，中國原有的粳稻「非膏腴之田不可種」，需要良好的水肥條件；而占城稻則「不問肥瘠皆可種」。由於占城稻適應性強、耐旱，對於南方廣大的丘陵地區和北方旱地有着極強的針對性，這些優點使過去「稍旱即水田不登」的稻田，可獲得合理的收成。這樣便大大提高了糧食可耕作面積和產量，使得南方許多地區的農業得到很大開發，許多丘陵、山坡成為良田，一些農業欠發達地區比如「地多丘陵」的江西搖身一變成為了糧倉；同時隨着產量的提高，農民

手中的餘糧也有所增加，這在一定程度上促進了宋代的商品經濟發展。其次，占城稻在引入中國後被廣泛種植，勞動人民在生產過程中又培育出大量新品種，大大豐富了古代的水稻品種，對後世也影響深遠。最後，作為早稻品種，其能夠有效地躲避秋旱。由於占城稻生產周期短，快者只需 60 天，這就使得一年二熟成為可能。或者可以說，占城稻的推廣，一定程度上推動了耕作制度的進步。

## 改變舌尖上的中國

1433 年，在進行了末次遠航之後，鄭和下西洋戛然而止。明代中國實行海禁政策，對外部世界關上了大門，傳統的海上絲綢之路由盛轉衰。或許只是巧合，作為鄭和下西洋第一站的占城的國運也在同一時期急轉直下。1471 年，越南後黎朝（1428—1789 年）皇帝黎聖宗以占城「不修職貢」為藉口，徵集國內 15 歲以上男子，糾合 26 萬大軍御駕親征。越軍攻破占城首都，生擒並虐殺占城國王茶全，將侵佔的土地改為廣南道（順化和峴港即在此時併入越南版圖）。占城的殘餘勢力作為越南的附庸苟延殘喘了兩百多年，至1693 年，占城的歷史終於以被北方強鄰徹底鯨吞告終，或者用越南當代歷史學家的話說「由於特殊的歷史條件而被吸收進一個更富有進取能力的鄰近民族中去了」，所留下的痕跡大概只有國家守護女神浦那格（PoNagar）以海神天依聖母的形式在京族的信仰裏延續了。

在占城步入衰亡時，海上絲綢之路卻以另一種方式得到了新生。「大航海時代」之後的東方，出現了一條新的航路，美洲—馬尼拉—中國，形成了一個巨大的貿易網絡，將整個世界連接在了一起。順着這條新的海上絲綢之路，美洲大陸的很多作物也先後傳入中國，對促進中國農業的發展起了重要的作用。在沿着海上絲綢之路由美洲傳入中國的農作物中，影響最大的是甘薯等糧食作物。

1593 年，閩商陳振龍將已經從美洲傳到呂宋島的甘薯帶回福州引種，被稱讚為「嘉植傳南畝，垂閩第一功」。甘薯的單產特別高，適應性很強，又「不與五穀爭地」，於是得到迅速傳播。1765 年朝鮮從中國引進甘薯時即有詩云：「萬曆番茄始入閩，如今天下少饑人。」比甘薯晚些時候，馬鈴薯也循着海上絲綢之路登陸中國。此時的甘薯在新的「外來戶」面前儼然已成本土之物。在長江三角洲的啟東海門一帶，人們習慣把先來的甘薯稱為「番芋」（「番」即外來之意），而後到的馬鈴薯，則要再加一個前綴，稱為「洋番芋」。不過，馬鈴薯在平原得到大規模推廣，成為重要糧食作物還是在新中國成立之後，此前往往只作為蔬類食用。美洲高產作物的引進緩解了人口增長對糧食需求的壓力，中國人口從明末的 1 億左右穩步增加到 1850 年的 4.3 億。

由美洲傳入中國的作物，除了糧食作物外，還有作為嗜好品的煙草和品種繁多的果蔬，如西紅柿、南瓜、菜豆、木薯、可可、菠蘿等。需要特別提及的是辣椒。辣椒原產於秘魯，於明末經海上絲

綢之路傳入中國並迅速風靡中國，竟有一半人口被它所「征服」。一生嗜辣的毛澤東講過，「辣椒領導過一次蔬菜造反」，道明了辣椒在中國飲食文化中的特殊作用，也深刻指出了海上絲綢之路對舌尖上的中國做出的重要貢獻。

## 洋芋之「洋」
# 土豆如何改變中國與世界的歷史？

## 土豆不「土」

中國是當今世界馬鈴薯生產的頭號大戶。2010 年，全世界共生產了 3.24 億噸馬鈴薯，其中中國獨占 7500 萬噸。馬鈴薯在中國不但產量高，名字也多，廣東叫「薯仔」，山西叫「山藥蛋」，江浙稱「洋（陽）山芋」，福建謂「荷蘭薯」……北京方言的「土豆」最終成為俗稱正名。這個頗中國式的名稱，幾乎讓人忘記了「土豆」並不「土生土長」，相反，是個渡海而來的「外來戶」。土豆，學名馬鈴薯，是現代世界除了穀物以外，用作人類主食的最重要的糧食作物。

土豆的原產地在遙遠的南美洲安第斯山區。印第安人種植馬鈴

薯已經有數千年的歷史。馬鈴薯的豐歉直接影響他們的生活，因此印第安人將馬鈴薯尊奉為「豐收之神」，如果某年的馬鈴薯嚴重減產，就被認為是「怠慢」了馬鈴薯神，必須舉行一次盛大而殘酷的祭祀儀式，殺死牲畜和童男童女為祭品，乞求馬鈴薯神保佑豐收。當第一批歐洲探險家到達秘魯的時候，發現當地人種植一種名為「papa」的奇特的地下果實，「煮熟後變得柔軟，吃起來如同炒栗子一樣，外麵包着一層不太厚的皮」。這就是今天為人熟知的馬鈴薯。

隨着西班牙殖民者征服安第斯山區，馬鈴薯也被貪婪的殖民者作為一種「戰利品」帶回了歐洲。1565年，西班牙遠征軍向西班牙國王腓力二世呈獻了一箱包括馬鈴薯在內的南美洲農產品，最初的馬鈴薯居然是以它妖嬈的枝葉和艷麗的花朵受到了人們的青睞，西班牙王室將馬鈴薯種植在塞維利亞近郊的花園裏，由此開始了它在歐洲跌宕起伏的命運歷程。

在登陸歐洲之後差不多一個世紀的時間裏，馬鈴薯還是只限於園圃栽植，還沒有找到真正屬於它的家，並且基本上是由植物學家在貴族或宮廷的莊園裏栽種的。與此同時，歐洲人對馬鈴薯的食用價值幾乎一無所知。據說，西班牙人最初嘗試生食馬鈴薯的塊莖，味道當然是乏善可陳；法國人好奇地去吃它結出的漿果，不用說，那酸澀的味道使人搖頭；蘇格蘭人甚至認為馬鈴薯會導致麻風病和不道德，理由是歐洲人以前從未吃過塊莖類食物，《聖經》中也沒提到過馬鈴薯。滑稽的是，歐洲人卻立即愛上了另外一種來自新大

陸的食物 —— 甘薯（紅薯）。它在哥倫布第一次航行發現新大陸後就被帶回了西班牙，西班牙的國王和王后迅速就喜歡上了這種新食物 —— 顯然《聖經》裏同樣沒有提到過甘薯。可能是因為甘薯甜美的味道更適合歐洲人的口味，至少到 17 世紀 80 年代，歐洲上流社會仍然將食用添加了大量香料和糖烹製的甘薯看作一種時尚。

馬鈴薯作為糧食作物在歐洲大陸得以廣泛傳播，很大一部分功勞要歸於一位平凡的法國農學家帕門蒂爾（Parmentier），是他認識到馬鈴薯良好的食用價值：它可以製作麵包，而且容易蒸煮。1770年，他的一篇關於馬鈴薯澱粉營養問題的論文在征文中獲獎，並被法王注意到，據說他用馬鈴薯為食材為一次宮廷宴會烹調了 20 多種美味菜肴。就連日後上了斷頭台的路易十六和他的那位同樣倒霉的王后瑪麗·安托瓦內特也為馬鈴薯的推廣出了一把力（不幸的是，法國老百姓只記住了她的那句「人民若無麵包，那就改吃蛋糕嘛」），國王和王后在衣服的紐扣上別上馬鈴薯花作為裝飾，並採取了一個狡猾的辦法推廣馬鈴薯的種植 —— 令人在王室的土地上種馬鈴薯，並派最精銳的士兵看守，晚上則把士兵撤走，當農民意識到這些莊稼具有價值時，就來偷走了王室所種的馬鈴薯。到法國大革命推翻波旁王朝的統治時，法國的大多數農民都已經種植馬鈴薯了，其他歐洲國家也紛紛效仿 —— 連以崇尚美食聞名的法國人都吃馬鈴薯，那馬鈴薯一定美味 —— 當歷史邁過 19 世紀的門檻，馬鈴薯已經傳遍了全歐洲。

## 盛世的助推劑

明末清初，隨着地理大發現時代的到來，原產美洲的大批農作物被歐洲殖民者通過海上絲綢之路帶到了東方，素來秉承「民以食為天」的中國人很容易接受任何可以填飽肚子的農作物，從不去考慮這種作物在先哲的著作裏是否有所提及 —— 馬鈴薯也正是在這個時期登陸中國。

清前期自康熙帝在康熙二十年（1681 年）平定三藩後，在相當長的時間內，內地都沒有發生大規模社會動亂。所謂「承平日久，生齒日繁」，更多的人口意味着需要更多的耕地。清代耕地的增加，主要就是向山要地。原因在於，經過中國歷代人民的農業開發，當時的平原地畝多已墾闢，再要增加耕地，就只能開墾那些貧瘠的山區土地了。

漢代以前，中國主要糧食作物是粟（小米）和黍（黃米），漢以後逐步演變為南方以稻米為主，北方以小麥、粟和高粱為主。而在山區，這些本國原有的作物都沒有了「用武之地」，幸好中國農民新裝備的「美洲作物武器庫」中，有玉米、甘薯、馬鈴薯這「三劍客」適應性較強、耐旱耐瘠，才使得過去並不適合糧食作物生長的廣大沙礫瘠土、高崗山坡、深山老林等地成為宜種土地，緩解了困擾中國幾千年的人地矛盾與庶民百姓「吃飯難」的問題。

正如光緒年間的《奉節縣志》所記：「包穀（玉米）、洋芋（馬

鈴薯）、紅薯（甘薯）三種古書不載。乾嘉以來，漸產此物……農民之食，全恃此矣。」隨着玉米的栽培推廣，長江流域以南的山丘荒野地帶和不宜種植水稻的旱地被迅速開發利用，而在黃河以北地區，玉米則逐步取代了原有的低產作物，成為主要的旱地農作物。甘薯的推廣，則使大量濱海沙地和山區的貧瘠丘陵得到開發利用。相比於玉米、甘薯，引入中土較晚的馬鈴薯更勝一籌，它更易種、耐寒、耐瘠，那些土壤貧瘠、氣溫較低，連玉米都養不活的高寒山區，只能種植耐「地氣苦寒」的馬鈴薯，所謂「其深山苦寒之區，稻麥不生，即玉黍（玉米）亦不殖者，則以洋芋代飯」。

在馬鈴薯得到廣泛種植的乾隆中期以後，中國人口從乾隆六年（1741 年）的 1.4 億，幾乎是直線上升到道光三十年（1850 年）前所未有的頂峰 4.3 億，短短 100 年多一點的時間裏，人口增加了兩倍，但同期中國耕地面積卻只增加了不足 26%。要是沒有馬鈴薯（與玉米、甘薯）「幫忙」，無論大清皇帝們是如何天縱聖明，只怕也是難為無米之炊了。馬鈴薯不但易種，而且高產，不但畝產高達兩三千斤，而且「三月種，五月熟；取子再種，七月又熟；又種，九月又熟」，可以達到「一歲三熟」，是理想的抗災備荒作物。對於在飢餓中掙扎的古代山區老百姓來說，不啻「天降嘉穀」，「近則遍植洋芋，窮民賴以為生」。無怪乎山西省的農諺曰：「五穀不收也無患，還有咱的二畝山藥蛋。」而甘肅的俗諺更把馬鈴薯視為「甘肅三寶（洋芋、沙鍋、大皮襖）」之一。《文縣要覽・社會》記載：「縣地雖

頗產米，而大米不用為常食，麥亦珍貴而不普通。一般農民以洋芋包穀為主要食品。」

## 成敗皆由土豆起

差不多在不起眼的土豆助推了古代中國的最後一個人口「盛世」的同時，同樣的人口大爆炸也發生在了歐洲。迅速增長的歐洲人口擴充了各個帝國的陸海軍，他們在世界上其他遙遠地區的勝利使得成百萬的歐洲人移居海外，彷彿歐洲勢力本應該就擴展到全球。誠然，工業革命是在歐洲率先展開，許多歐洲國家以此實現了工業、政治和軍事方面的變革。但挖出的煤、煉出的鋼都不能當飯吃，在化肥和機械化收割尚未出現的彼時，歐洲人口的膨脹依靠的同樣是極其豐富的馬鈴薯供應，土豆代替了麵包成為貧窮百姓的主要食物。

在近代歐洲，沒有比愛爾蘭與土豆關係更密切的了。這是一個貧瘠的島嶼，穀類植物在這個島上長得不好，小麥幾乎就不能生長。雖然從 1801 年起，這個島嶼在法理上成為「大不列顛與愛爾蘭聯合王國」不可分割的一部分，但在倫敦看來，愛爾蘭不過是自己的一塊國內殖民地。愛爾蘭變成了英格蘭人的愛爾蘭，島上稍微肥沃一些的土地都被英格蘭的地主佔據了。1751—1775 年，在自己的土地上，愛爾蘭人卻只擁有 5% 的土地。貧瘠的土地，一無所有的愛爾蘭農民，能適應惡劣環境的馬鈴薯，三者碰到一起立即就

很好地結合了，在英國殖民者不要的土地上生產出數量令人不可思議的食物。幾英畝貧瘠的土地生產出的馬鈴薯，足以養活一大家人和家裏的牲畜。現代科學證明，除了碳水化合物所具有的能量外，馬鈴薯還能提供相當多的蛋白質和維生素，它所缺乏的只是維生素A——這通過喝牛奶就可以補充了——馬鈴薯還在無意中終結了壞血病。而馬鈴薯的食用比種植還要簡單：挖出來，加熱或是放在鍋裏煮，或者乾脆把它們扔進火裏烤，然後吃掉。

到 19 世紀初期，馬鈴薯幾乎成為愛爾蘭人的唯一食物。在農村，農業工人每天消費的馬鈴薯為 6.3 公斤，婦女和 10 歲以上的兒童大約為 5 公斤，小一點的兒童的消費量為 2.3 公斤。馬鈴薯的高產和只需少量勞力的特點，使得愛爾蘭人口從 1700 年的 200 萬，猛增到 1841 年的 820 萬，翻了 4 倍。

中國的老子有句話「福兮禍所伏」，這句話也在愛爾蘭得到了驗證。1845 年，一場災害悄然而至且來勢兇猛，彷彿一夜之間，那些鬱鬱蔥蔥的馬鈴薯田就變成「草木皆爛，荒蕪一片」。導致馬鈴薯枯萎腐爛的「瘟疫」來源於一種被稱為馬鈴薯晚疫病菌的真菌，這種真菌在溫暖潮濕的環境中發育，靠風或水攜帶自己的孢子來繁殖，受感染的馬鈴薯變黑，在地底下枯死。1845 年的夏天，愛爾蘭多雨陰霾的氣候特別有利於這種真菌的發育。短短幾周之內，這種兇猛的真菌靠着風的傳播，席捲了這個小島。當年年底，愛爾蘭的馬鈴薯產量減少了三分之一。第二年情況更糟，超過四分之三的馬

鈴薯田絕收。對於以馬鈴薯為生活來源的愛爾蘭人民而言，災難已經降臨，「你可以在幾乎每個人的臉上看到沮喪和淚水」。

面對來勢洶洶的「馬鈴薯瘟疫」，大英帝國政府卻彷彿是將自己國土上的災難看作是發生在另一個星球上的事。大名鼎鼎的《泰晤士報》居然有閒心大肆聲討馬鈴薯是「最不可靠的作物和最差的食物」，順便事不關己地建議愛爾蘭人接受另外一種不同於馬鈴薯種植的生計手段。當島上到處都是填不飽肚子的窮人時，「愛爾蘭的碼頭上還堆滿了一袋袋的玉米，準備出口到英格蘭去」。如此冷漠的態度連外國人都看不過去，但當奧斯曼土耳其帝國蘇丹阿卜杜拉·邁吉德一世宣佈將給予愛爾蘭農民 1 萬英鎊援助時，要面子的維多利亞女王卻請求他只提供 1000 英鎊，原因是仁慈的女王陛下本人只給災區捐助了象徵性的 2000 英鎊。當英國政府從美洲採購來的價值 10 萬英鎊的援助物資（玉米和麥片）終於到達愛爾蘭時，數百萬幾乎毫無任何購買力的愛爾蘭人根本買不起這些按照 1 便士 1 磅銷售的糧食，只能坐以待斃。

當「馬鈴薯瘟疫」終於過去的時候，1851 年，愛爾蘭只剩下 655 萬人口，比十年前減少了四分之一。這場饑荒差不多餓死了 100 萬專吃馬鈴薯的愛爾蘭人，並且迫使大約 200 萬人被迫逃離連歲饑饉的家鄉。在那些日子裏，「在離開舊大陸趕往大西洋彼岸碰運氣的人中，有五分之四是愛爾蘭人」，這是 19 世紀最重要的人口流動之一。與愛爾蘭人口一樣遭到重創的還有愛爾蘭古老的民族語言愛爾

蘭語（蓋爾語）和蓋爾文化。愛爾蘭語已經在愛爾蘭盛行了兩千年，此時卻像潮水一樣突然退落下去。儘管受到英語的巨大衝擊，在1845年，還有400多萬愛爾蘭人使用愛爾蘭語。但到了1851年，使用愛爾蘭語的人口已驟減了一半，因為受災最重的農民階級恰恰是使用愛爾蘭語最廣泛的群體。更悲慘的是，「馬鈴薯瘟疫」帶來的走投無路的愛爾蘭饑民企圖強行闖入一家麵包房，饑荒使得貧窮、落後和愛爾蘭語之間畫上等號，加速了愛爾蘭語的消亡。到1901年，只剩下居住在島嶼西部偏遠地區14%的愛爾蘭人還在說愛爾蘭語。甚至時至今日，雖然曾得到了獨立後的國家機器的全力拯救，愛爾蘭語的命運依然猶如風中之燭，徘徊在生死之間。

## 炸薯條與「土豆燒牛肉」

由於大饑荒和移民潮，如今愛爾蘭本國的人口不過400多萬，反倒是在新大陸的後裔人丁興旺。時至今日，在美國3億人口中，愛爾蘭裔美國人就有5500萬，僅次於德裔美國人。來到美國的愛爾蘭移民篳路藍縷，一步步融入了美國主流社會，先後出了甘迺迪、尼克遜、列根和克林頓4位總統，逃荒的老祖宗們恐怕想不到爭氣的後代還有讓昔日騎在頭上的唐寧街主人卑躬屈膝的這一天。甚至奧巴馬出訪歐洲時也不忘湊趣赴愛爾蘭展開「尋根之旅」，因為他的曾曾曾外祖父就是在「馬鈴薯瘟疫」期間去了美國。

隨着愛爾蘭人的到來，讓他們愛恨交加的馬鈴薯也登上了新大陸的土地，同樣贏得了當地人的青睞，至今在美國的一些地方，如新罕布爾州，還是把土豆稱為「愛爾蘭薯」（Irish potato）。到了20世紀20年代，隨着馬鈴薯自動削皮機的發明，馬鈴薯片從小規模製作變成銷售量最大的零食。一個美國南方的旅行推銷員赫爾曼・萊（Herman Lay）幫助推廣了這種食品。他帶着皮箱在美國南部的雜貨店叫賣此機器，之後他更創立了公司，令他的名字「樂事」（Lay's）幾乎成為馬鈴薯片的同義詞。從20世紀60年代開始，通過遍佈世界的麥當勞連鎖店，馬鈴薯片開始流行起來。在大眾眼裏，麥當勞的「薯片」已經與硅谷的「芯片」、好萊塢的「大片」一起，成了美國文化軟實力的標誌；而在抱怨人們情願放棄美味可口但製作複雜的法國大餐去吃麥當勞，然後利用空餘時間去逛街的法國人眼中，薯片更是儼然貼上了美國「文化帝國主義」的標籤。

　　但這並不是馬鈴薯與政治第一次「結緣」。老一輩的中國人都很熟悉毛主席詩詞中的那句「還有吃的，土豆燒熟了，再加牛肉。不須放屁，試看天地翻覆」（《念奴嬌・鳥兒問答》）。諷刺的是，那位在聯合國大會上都能夠脫下皮鞋猛敲桌子的赫魯曉夫，於1964年4月1日在匈牙利一個工廠發表的一次演說中，把「福利共產主義」說成是「一盤土豆燒牛肉的好菜」。在那個時代，中國人心目中的共產主義，起碼也是「樓上樓下、電燈電話」，怎麼能夠幾顆土豆再加幾塊牛肉就打發了呢！於是，中國的文章嚴厲抨擊了這種「土豆燒

牛肉」的「假共產主義」。

　　只是，如今看來，這彷彿就是一個愚人節玩笑，土豆簡直是「躺着中槍」。赫魯曉夫的原話是「到了共產主義，匈牙利人就可以經常吃到‘古拉西’了」。所謂「古拉西」（goulash，來自馬扎爾語的「香草」gulya）是一道匈牙利名菜，即把牛肉和土豆加上紅辣椒及其他調料在小陶罐子裏燉得爛爛的，汁水濃濃的，然後澆在米飯上，很好吃，對應到中國菜裏可能也是西湖醋魚之類的美味。誰知翻譯到中國報紙上，因為「古拉西」沒有合適的譯法，先是寫成「洋山芋燒牛肉」，然後改成了「土豆燒牛肉」，堂堂國菜淪為地攤小吃不說，還變成「中蘇論戰」的話題之一，在歷史長河中翻起了小小浪花。

　　這就是馬鈴薯，印第安人對全人類的饋贈。因為養活了人而改變了整個世界，也由於養不活更多的人而改變了世界；作為食物傳遍了世界，又在政治宣傳中為全世界所知……如同美國知名環境史學家 W.H. 麥克尼爾（William H. McNeill）所説：「馬鈴薯改變了世界歷史，這並非荒唐事……我們習以為常的食物，是如何以劇烈的方式改變了世界歷史。」

## 《幾何原本》
# 傳教士從海上帶來的禮物

## 東來的耶穌會

自從 15 世紀開始，歐洲航海事業迅速發展，地理大發現和東西航路的開通，激起了西歐國家前往東方的熱潮。葡萄牙殖民者最早遠航開拓了前往東亞的航線，並在 1553 年在中國壕鏡澳（澳門）建立據點後，努力向內地拓展。當葡萄牙人開闢了繞過非洲通往亞洲的新航道之後，西班牙人卻反其道而行，沿着相反的線路向中國挺進。他們橫渡大西洋、太平洋，形成一條西班牙—墨西哥—呂宋（菲律賓）—中國的貿易航線，即所謂的「大帆船貿易」。正是在新的海上絲綢之路上的商業活動頻繁展開的同時，一個沒有基督教信

仰的新世界展開在歐洲面前，這對於自命擔負着世界使命的天主教具有巨大的傳教上的吸引力，天主教傳教士也陸續來到亞洲。

　　説起來，早在「蒙古和平」締造的陸上絲綢之路黃金時代，羅馬天主教的傳教士就曾經來到中國。1294 年，教皇的特使天主教方濟各會會士約翰‧孟高維諾抵達汗八里（即大都，今北京），標誌着天主教正式傳入中國。此後羅馬天主教曾派出 7 個主教來華協助孟高維諾的傳教工作，在今內蒙古五原、新疆伊犁、江蘇揚州和浙江杭州等地均有他們的傳教活動，在鼎盛時期曾發展了 3 萬多信徒。當時一位傳教士在給羅馬教廷的信中説：「在此大帝國境內，天下各國人民，各種宗教，皆依其信仰，自由居住。蓋彼等以為凡為宗教，皆可救護人民。」但隨着 1368 年元朝覆滅，天主教也逐漸銷聲匿跡了，經歷了元明鼎革後 200 多年的歲月沖刷之後，天主教與中國已經變得互不相識 —— 直到耶穌會傳教士的到來。

　　在這樣一個新時代扮演重要角色的「耶穌會」其實也是個新生事物。1517 年歐洲宗教改革家馬丁‧路德反對羅馬教皇，揭開了轟轟烈烈的宗教改革運動的序幕。自從 16 世紀 20 年代開始，宗教改革迅速席捲了歐洲的多個國家，如瑞士、法國、英國、尼德蘭等，沉重地打擊了天主教會的勢力。與之針鋒相對的是，創立於這一時期的耶穌會卻在宗教改革浪潮中以天主教及羅馬教皇維護者的面目出現。它由西班牙貴族依納爵‧羅耀拉於 1534 年聖母升天節那天，在巴黎蒙特馬特聖母教堂裏成立。諷刺的是，在其成立初期，由於

羅耀拉在威尼斯過於熱情地傳教，還引起過宗教裁判所的懷疑，直到 1540 年，教皇保羅三世才確認了耶穌會的會規，批准耶穌會正式成立。

由於羅耀拉出身貴族，年輕時做過騎士，也上過戰場，多年的戎馬生涯，使他將軍隊紀律和服從原則帶進耶穌會制度的創建中，使得後者成為一個組織嚴密的團隊，因而發展成為當時天主教眾多修會中一個強有力的修會。與其他修會最為不同的一點是，耶穌會非常重視教育。其創辦者羅耀拉原為騎士出身，文化程度不高，在投身教會後才意識到學習的重要性。他曾經以 33 歲的「高齡」與幼童一同接受拉丁語的初級教育。羅耀拉自身特殊的經歷使他相當重視通過嚴格的學校教育來培養具有較高文化素質的耶穌會士。《耶穌會會憲》規定，會士「除了生活的模範外，還需要知識和發表知識的方法」，「每個成員都必須通過不少於十四年的系統訓練 —— 不僅學習神學，還要選學各種自然科學知識」。因此，耶穌會士自稱為「知識階層」。耶穌會在歐洲大力興辦教育事業。1548 年，耶穌會在墨西拿成立第一所耶穌會學校，由此耶穌會辦學活動在整個天主教世界轟轟烈烈地展開。耶穌會在 1580 年共有學校 144 所；1599 年 245 所，其中 200 所在歐洲。1608 年，耶穌會在世界各地的學校共有 293 所，其中 28 所在海外，265 所在歐洲。1626 年，學校的總數已增至 444。

與瀰漫於中世紀歐洲的宗教狂熱不同，耶穌會課程設置的新穎

之處在於系統學習自希臘、羅馬文明以降的非基督教哲學家和作家的著作。根據耶穌會學校的課程安排，人文科學系的學制是五年，其中前兩年學習「修辭學」，後三年則學習「哲學」，而數學、天文甚至音樂等學科當時都被放入「哲學」一門之中。其學校的課程設置也成為之後歐洲學校的藍本。

對於天主教而言，通過在東方傳教，可以彌補教會因新教興起在幾乎半個歐洲的損失，恢復並擴大其勢力範圍。《耶穌會會憲》規定：「我們的使命是奔赴世界每一個角落；哪裏更希望有人為天主效勞，哪裏的靈魂更期望得到幫助，我們就生活在那裏。」於是，1542 年，也就是教皇正式批准耶穌會存在後的第二年，耶穌會總會長依納爵‧羅耀拉就迫不及待地派遣其好友、耶穌會創始人之一方濟各‧沙勿略前往東方傳教，拉開了耶穌會士進入中國的序幕。

當時，從西歐到中國澳門走海路需要花上兩三年的時間。從海路來到東方之後，沙勿略先是在日本待了三年。由於日本同樣使用漢字，他對明朝的情況有了初步的了解。在日本的傳教經驗也增加了沙勿略傳教中國的信心，在寄給羅耀拉的信中，沙勿略對中國格外讚美，表達了希望儘快傳教的迫切心情：「中國面積至為廣闊，奉公守法，政治清明，全國統於一尊，人民無不服從，國家富強。凡國計民生所需者，無不具備，且極充裕。中國人聰明好學，尚仁義，重倫常，長於政治，孜孜求知，不殆不倦。中日兩國，一衣帶水，相距甚近。中國人為白色人種，不蓄鬚，眼眶細小，胸襟豁

達，忠厚溫良，國內無戰事。如印度方面無所牽制，希望今年能前往中國。」

可惜，由於當時明朝廷的政策只允許少數外國商船在規定時間裏在廣州的指定地區進行易貨貿易，私自偷渡入境的外國人將被關押，沙勿略最終不能如願。1551 年他從日本乘葡萄牙商船到中國廣東上川島（距廣州 15 公里，歐洲人時稱聖約翰島，St.John's Island），無法進入內地傳教，不久即病死於島上，時年 55 歲，正好是他到東方傳教的第 11 個年頭。但他所提出的來中國的傳教士應當具有較高的素質，才能在文化程度較高的中國進行傳教，同時應當為了使人信教而去適應當地文化（「以中國的方式進入中國」）的重要看法，為耶穌會的後來者所繼承。

雖然沙勿略沒能進入中國傳教，但他可說是耶穌會士入華傳教的開創者。他那些發自亞洲的書信寄至歐洲後，激勵着相當一部分年輕的耶穌會學生盼望隨着沙勿略的腳步，繼續他的遠東傳教事業 —— 其中就有真正將天主教傳播入華的傳教士，沿襲沙勿略衣缽的利瑪竇。就在沙勿略去世的那一年，利瑪竇（1552—1610 年）出生於意大利中部的一個貴族家庭。1568 年，利瑪竇在羅馬學習法律的同時，也在耶穌會主辦的學校繼續深造哲學和神學，並學習天算、希臘語、葡萄牙語和西班牙語。1571 年，利瑪竇終於加入耶穌會，他立志傳教，不願婚娶。1581 年，耶穌會派遣他到澳門學習漢語，熟悉當時中國的情況，為他們進內地傳教做準備。利瑪竇的語

言天賦再次顯露出來，雖然澳門（屬粵語方言區）很難找到合格的「官話」（北方話）教師，1585 年 10 月 20 日，利瑪竇在寄給耶穌會總會長的信中已經寫道：「目前已可不用翻譯，直接和任何中國人交談，用中文書寫和誦讀差強人意。」

明朝萬曆十一年（1583 年），利瑪竇等人向當地官員贈送了厚禮，才終於被允許在廣東肇慶建立第一個教堂——花塔教堂（又叫崇禧塔教堂），開始了耶穌會士在中國內地的傳教活動。

為了贏得中國人的認可，最初，利瑪竇等人期望借用佛教來傳播基督教。傳教士們剃了光頭，穿上僧袍，自稱和尚。但很快，他意識到「中國這個古老帝國以普遍講究溫文有禮而知名於世。這是他們最為重視的五大美德（仁義禮智信）之一」。利瑪竇堅信基督教如果要想在中國存在和發展就必須「合儒斥佛」。從 1592 年開始，利瑪竇改換儒士裝扮，以儒者自稱，生活習俗也全面儒士化。他主動學習中國人的社會禮儀、行為舉止、飲食習慣、睡覺方式、衣着打扮，例如穿士人的絲質長袍、僱僕人、乘轎子以及向有影響的人物贈送厚禮等，遂從「西僧」變成了「西儒」，並引《詩》《書》《易》《禮》和孔孟之道的相關典籍來論證基督教教義。

到了 1601 年，利瑪竇終於進入大明帝國的京城。進入北京之後，「捲鬚、藍眼睛和聲如洪鐘」的利瑪竇不僅講漢語穿儒服，而且通曉中國儒家經典，再憑藉他從西方帶來的科學知識和機械原理，加上睿智、文雅的談吐，利瑪竇給京城的上層人士留下了深刻印

象，很受明朝士大夫的歡迎。《明史·意大里亞傳》中就記載道：「其國人東來者，大都聰明特達之士，意專行教，不求祿利。其所著書，多華人所未道，故一時好異者咸尚之。」

其中就有著名的徐光啟。早在萬曆二十八年（1600年），徐光啟從家鄉上海赴京應試，路過南京時就拜會了他聞名已久的利瑪竇，交談後盛讚他為「海內博物通達君子」。萬曆三十一年（1603年），徐光啟再赴南京，另外兩位耶穌會傳教士接待了他，為他講解天主教教義，並為他施洗。他成了教徒，教名「保祿」（Paul）。就在奉教的次年，徐光啟終於高中進士，並考選為翰林院庶吉士。他將這些都看成是神的恩賜。做了官的徐光啟留駐北京，在崇禎朝一度官至禮部尚書兼文淵閣大學士，而他與利瑪竇的交往也更加緊密。按照《徐文定公行實》的記載，「（徐光啟）公館京邸，與利子（即利瑪竇）交益密」。為了方便與利瑪竇交往，徐光啟還在利瑪竇的「住宅附近租一房屋」居住讀書，以便於向利瑪竇請教。

在徐光啟眼裏，「西泰諸書，致多奇妙」，相比之下，學習八股文章如同「爬了一生的爛路，甚可笑也」；而利瑪竇等人「其教必可以補儒易佛，而其緒餘，更有一種格物窮理之學。凡世間世外，萬事萬物之理，叩之無不河懸響答，絲分理解；退而思之，窮年累月，愈見其說之必然而不可易也。格物窮理之中，又復旁出一種象數之學。象數之學，大者為曆法，為律呂，至其他有形有質之物，有度有數之事，無不賴以為用，用之無不盡巧極妙者」。也正因此，他成

了利瑪竇眼裏勤勉的學生：「他把從我們這裏所聽見的好事和有益的事，或是關於聖教道理，或是關於西方科學，凡可以加重我們聲譽的，他都筆錄下來，預備編輯成書……」

## 《幾何原本》的翻譯

在利瑪竇帶來的眾多書籍中，徐光啟選中了《幾何原本》。這是古代西方數學的經典之作。歐幾里得（Euclid，公元前 330—公元前 275 年）是古希臘偉大的數學家，他的巨著《幾何原本》集當時希臘數學之大成，是用公理化方法建立數學演繹體系的最早的典範之作，在西方甚至被稱為「數學的聖經」。徐光啟認為：「《幾何原本》者度數之宗，所以窮方圓平直之情，盡規矩準繩之用也。」在學習各種知識的過程中，經常要追溯到幾何問題。徐光啟評價此書：「由顯入微，從疑得信，蓋不用為用，眾用所基，真可謂萬象之形囿，百家之學海。」因此，「此書未譯，則他書俱不可得論」。反過來，利瑪竇也認識到數學正是當時中國文化體系中的一個「軟肋」，中國古代數學以計算見長，但是缺乏歐幾里得幾何學那樣完整嚴密的邏輯論證體系。他認為儒學在明朝中國處於絕對優勢地位，中國人只重視科舉，而不重視對數學和醫學的研究，「在這裏每個人都很清楚，凡有希望在哲學領域成名的，沒有人會願意費勁去鑽研數學或醫學。結果是幾乎沒有人獻身於研究數學或醫學，除非由於

家務或財力平庸的阻撓而不能致力於那些被認為更高級的研究。鑽研數學和醫學並不受人尊敬……」甚至「他們所有的一點數學還是從回教人學來的，並無鞏固的基礎，也只有皇宮裏或欽天監才有所謂數學家……推算日期的法則是不正確的，可説全是錯謬的」。也正是出自這個原因，利瑪竇認為：「把歐幾里得的《幾何原本》譯成中文，此舉不但把科學介紹給大明帝國，提供中國人一種有用的工具，而且也使中國人更敬重我們的宗教」——畢竟，作為傳教士，利瑪竇一切工作的最終目的仍然是在東方傳播「福音」。

實際上，早在遇到徐光啟之前，利瑪竇已經開始了翻譯《幾何原本》的嘗試。早在 1592 年，一個名叫瞿太素的蘇州浪蕩公子就結識了利瑪竇，並幫助他將《幾何原本》的第一卷翻譯成了中文。然而，此人結識利瑪竇的最初目的，不過是聽説西洋人懂得點石成金，指望從利瑪竇這裏學到煉金術從而發家致富。這自然是學不到的，而結果也可想而知，瞿太素對於《幾何原本》的翻譯工作淺嘗輒止，不過第一卷而已。利瑪竇因此告誡徐光啟：「除非是有突出天分的學者，沒有人能承擔這項任務並堅持到底。」

幸運的是，徐光啟正是這樣一位合適的人選。徐光啟與利瑪竇翻譯的版本是 16 世紀歐洲數學家克拉維斯（1537—1612 年）註釋的拉丁文本，全書十五卷，前六卷為平面幾何，卷七至卷十為數論，卷十一至卷十五為立體幾何。徐光啟在做完翰林院的「館課」之後，將全部時間和精力都撲在《幾何原本》的翻譯上。自萬

曆三十四年秋至三十五年春（1606—1607 年），在長達半年多的時間裏，徐光啟每天下午前往利瑪竇的住所，利瑪竇一句句地講述，他一字字地記錄，碰到不明白的地方，他總是虛心地詢問，直到弄通為止。回到家裏之後，他還要將記錄的稿子加以整理、修改、潤色，時常工作到深夜。由於生活緊張，甚至有時還愁沒有口糧，他病倒了，臥病在床達倆月之久，但就是在病床上，他仍然對草稿進行字斟句酌的推敲。

這對徐光啟而言，自然是個艱巨的挑戰，他在這之前，學習過四書五經、兵書、農書和醫書等，但關於數學方面的書卻未涉及過。幸運的是，在譯著過程中，利瑪竇發現「中文當中並不缺乏成語和詞彙來表達我們所有的科學術語」。譬如「幾何」一詞，在漢語體系古已有之並有幾重含義，可以表示多少、若干，用於詢問數量或時間，如「所獲幾何？」（《左傳·僖公二十年》）；可以表示沒有多久，所剩無幾，如「對酒當歌，人生幾何？」（《短歌行》）；可以表示詢問什麼時候，如「其為寶也，幾何矣？」（《國語·楚語下》）。而正是利瑪竇與徐光啟一道，將「幾何」作為專業數學術語引入了漢語體系，實現了該詞從疑問數詞到數學術語的轉變，並沿用至今。

結果，在「一年之內，他們就用清晰而優美的中文體裁出版了一套很像樣的《幾何原本》前六卷」。這可謂利瑪竇與徐光啟二人心血與學識之結晶。作為譯者，徐光啟在自己的《幾何原本雜議》裏

說：「此書（《幾何原本》）為益，能令學理者袪其浮氣，練其精心；學事者資其定法，發其巧思，故舉世無一人不當學。」徐光啟的學生孫元化（今上海嘉定人）在學習了《幾何原本》之後就連出《幾何體論》《幾何用法》和《泰西算要》三本研究著作。至於後世梁啟超更是評價說「徐利合譯之《幾何原本》，字字精金美玉，為千古不朽之作」。這絕不是過譽之言。實際上，徐光啟、利瑪竇的《幾何原本》譯本不但是阿拉伯世界以外的第一個東方譯本，而且與西方許多國家的初譯本相較，無論出現時間上還是質量上都毫不遜色。例如，俄羅斯、瑞典、丹麥、波蘭等地譯本分別出現於 1739 年、1744年、1745 年和 1817 年；第一個德文譯本則是為畫家、工匠和建築師而摘譯的實用手冊，書中略去了全部證明。

　　《幾何原本》是從海路來到中國的西方傳教士翻譯的第一本科學著作，並以它的「新奇」和「有證明」使一批學者傾服。它向中國人介紹了較為完備的幾何學基礎知識，豐富了中國幾何學的內容，完善了表述方式，揭開歐洲數學傳入中國的新篇章。中國古代的幾何學只有平面圖面積、內外切圓、平行線等理論，表述方式也不夠精密。僅就數學術語的制定而言，點、線、面、直角、銳角、鈍角、垂線、對角線、曲線、曲面、立方體、體積、比例等專用名詞，都是由徐光啟與利瑪竇首先確定下來並沿用至今的。

　　與此同時，《幾何原本》的翻譯也為利瑪竇帶來極大的聲譽，因為它「介紹了許多中國人前所未聞的知識，非常為中國人欣賞」；

「那些矜持自傲的文人學士用盡了努力，卻也無法讀懂用他們自己的語言寫成的書（指《幾何原本》）」。也正是由於這個原因，萬曆三十八年（1610 年），利瑪竇於北京病逝（時年 59 歲）後，萬曆皇帝最終同意將位於阜成門外二里溝的柵欄佛寺作為欽賜塋地，並改建為天主教堂。這是極不尋常的殊榮，因為在此之前「所有在中國傳教逝世的人都葬在澳門神學院的墓地，而且有命令規定凡死在別處的人，其遺體都必須遷回澳門葬在一起」。當時有宦官就此事詢問內閣大學士葉向高：「諸遠方來賓者，從古皆無賜葬，何獨厚於利子？」葉向高當即答道：「子見從古來賓，其道德學問，有一如利子者乎？毋論其他事，即譯《幾何原本》一書，便宜賜葬地矣。」

## 一個時代的縮影

然而，徐光啟仍然存有遺憾。《幾何原本》前六卷譯完之後，徐光啟勸利瑪竇繼續翻譯下去，利瑪竇卻說，「請先傳此，使同志者習之，果以為用也，而後徐計其餘」，婉言拒絕。對於個中原委，眾說紛紜。有人認為利瑪竇在譯完六卷後覺得已達到了用數學來籠絡人心以利宣教的目的，因此沒有再答應徐光啟希望全部譯完的要求，《利瑪竇中國劄記》裏就說：「利瑪竇神父認為就適合他們的目的而言，有這六卷就已經足夠了。」但也有人認為其實利瑪竇自己也沒有完全掌握《幾何原本》後九卷的內容，對於翻譯也是心有餘力不

足。這種說法的根據是，在當時利瑪竇學習的羅馬學院中，的確有《幾何原本》的學習計劃，但那是分兩次完成的，第一次在二年級，學習前六卷的平面幾何部分，第二次在最後年級，學習後九卷。可是利瑪竇急於到中國來傳教，沒有學習最後的課程就離開了。其後，利瑪竇忙於各種教務，再也沒有過學習後九卷的時間和機會，所以，他不熟悉後面的內容是很有可能的。不管怎樣，這使得徐光啟萬分遺憾，感歎「續成大業，未知何日，未知何人，書以俟焉」。實際上，直到 250 年後，另一位中國數學家李善蘭才完成了徐光啟的夙願，將全本《幾何原本》譯成了漢文，此是後話不提。

無論如何，《幾何原本》的翻譯代表了一個時代。在歷史上，西方的科學體系第一次通過海上絲綢之路由傳教士們大量輸入中國。正如英國著名科技史學家李約瑟所說：「耶穌會傳教士所傳入的不屬於幾何學的數學發明和技術在歐洲是最新的。」為了向中國全方位地展示西方的近代科學和文學藝術，他們大量譯介「西學」書籍，其中涉及天文、數學、物理、哲學、生理、生物、輿地、音韻等學科領域，光是金尼閣（Nicolas Trigault，1577—1629 年）來華時就帶來了 7000 餘冊西方書籍。1628 年李之藻刊刻了《天學初函》，內中收集了當時西方傳教士所譯著作品若干部，分為理編和器編。理編即指西方宗教哲學者，如利瑪竇所譯的《天主實義》《辨學遺牘》《畸人十篇》《交友論》《二十五言》等；器編則言自然科技者，如徐光啟、熊三拔合譯的《泰西水法》，利瑪竇所譯的《圜容較義》《渾

蓋通憲圖説》《勾股義》《測量法義》，利瑪竇與徐光啟合譯的《幾何原本》，利瑪竇、李之藻合譯的《同文指算》等著作。

　　由於徐光啟及其家族皈依天主教的關係，上海徐家匯地區開始成為天主教傳教的基地，也成為西方文化輸入的窗口。現在徐家匯藏書樓仍存有 1515 年到 1800 年間歐洲出版的書籍 1831 種共 2500 餘冊，內容涉及數學、天文學、邏輯學、地理學和哲學等，文種涉及 18 種語言。如比利時傳教士南懷仁於 1668 年刊行的拉丁文版《儀象圖》，該書介紹了他在天文觀察中所使用的圭表、地平經儀、黃道春秋分渾儀、赤道渾儀、天球儀、青銅象限儀、鐵紀限儀等歐洲天文儀器，以及新造的黃道經緯儀、赤道經緯儀、地平經儀、地平緯儀、紀限儀和天體儀的構造原理及製造、安裝與使用方法等，為提高中國天文儀器的精度做出了貢獻。藏書樓裏還有傳教士、教徒撰寫或翻譯的許多書籍，如葡萄牙傳教士傅泛際（1587—1653 年）和明代科學家李之藻的《名理探》，它是葡萄牙大學邏輯學講義《亞里士多德辯證法概論》的中譯本，也是中國關於西方邏輯學的最早譯本。

　　按照徐光啟的説法，「度數（即數學）旁通十事」。「十事」指天文氣象、水利、音律、軍事、理財、建築、機械、地理測量、醫藥、鐘錶製造。此不僅是説數學可以運用於這十個領域，而且是説數學方法可以融會貫通於所有這些領域。正是出於這個原因，傳教士還參加了明末清初的曆法修訂工作，為西洋曆法在中國的使用做

出了貢獻。明朝建立伊始，使用的是根據元代郭守敬《授時曆》刪訂而成的《大統曆》，同時參以伊斯蘭教曆法。這兩部曆法到了明中期，由於年代久遠，很不準確，一直有人建議修訂，但礙於祖宗之法不可變，未被採納。利瑪竇等傳教士東來後，西方的天文曆法知識傳入中國，很多人看到了西洋曆法的優點。崇禎皇帝下令由徐光啟負責修曆事宜。徐光啟聘請傳教士湯若望等人入曆局，參與譯書修曆。經 7 年的努力，新曆終於修成，取名《崇禎曆書》。清初，湯若望將《崇禎曆書》壓縮成《西洋新曆書》獻給朝廷，受到重視，改名為《時憲曆》頒行全國。這部《時憲曆》就是流傳至今的農曆。

　　與此同時，向中國介紹西方地理學知識、繪製世界地圖也是傳教士所輸入的西學的一個重要內容。當利瑪竇到中國時，他所見到的由中國人所繪的世界地圖是中國居圖中央，沿海有若干島嶼，分別注上亞洲各國的名稱，所有外國之地合起來還抵不上中國一個小省面積大，而中國出現的較為科學的第一幅世界地圖正是由利瑪竇繪製的《坤輿萬國全圖》。萬曆十二年（1584 年），即利瑪竇入華後的第三個年頭，廣東肇慶長官王泮偶然在利瑪竇的寓所內發現了一幅西文地圖，喜其製作精巧、立意新穎，便命令利瑪竇將其譯成中文，圖成後題為「坤輿萬國全圖」。後王泮將其付梓，刻印數份，分贈親友，一時廣為流傳，由此拉開利瑪竇編繪的《坤輿萬國全圖》在華反覆刻印的序幕。據粗略統計，從 1584 年到 1606 年短短 22 年時間，此地圖被翻刻次數達 8 次之多。雖然為了迎合當時中國人的

心理，利瑪竇故意將中國繪在輿圖的中央，但由傳教士帶來的世界地圖和地理知識，對中國人認識世界、改變固有的地域觀念仍然起到了很大的作用。

400 多年後的今天，完全可以對來自海上絲綢之路的耶穌會傳教士們的作為蓋棺論定，恰如李約瑟所言：「即使說他們把歐洲的科學和數學帶到中國只是為了達到傳教的目的，但由於當時東西兩大文明仍互相隔絕，這種交流作為兩大文明之間文化聯繫的最高範例，仍然是永垂不朽的……他們成功地完成了他們的印度先驅者在唐代所未能完成的任務，具體地說，就是同包括中國成就在內的世界範圍的自然科學打通了關係……」

第三章

被中國改變的
世界

## 這裏芬芳四溢
# 開啟大航海時代的「香料之路」

### 「貴如胡椒」

香料主要是指胡椒、丁香、肉桂等具有令人愉快的芳香氣味的熱帶植物。它的英文一般用「spice」表示，這個詞語來源於拉丁語「species」，常用來指代貴重但量小的物品。香料是最早跨越半個地球的商品之一。早在公元前 3000 年，埃及人就通過南方的努比亞人購買香料。古希臘人使用的調味品以本地產的為多，但他們也已經逐漸喜歡上了東方香料。亞歷山大東征使東方香料大量進入歐洲。公元前 3 世紀，埃及的托勒密王朝與印度建立了定期的海上貿易關係。羅馬時期的香料貿易獲得了較大發展，以至於造成羅馬的金銀

外流，所謂「帶着黃金而來，載着胡椒而去」，當時香料在羅馬的售價是其在印度產地的 100 倍。

從古羅馬時期開始，香料除用於醫藥領域和宗教生活外，還開始大量用於飲食。羅馬人並非最早開始食用胡椒的歐洲人，但卻是最早習慣性地食用胡椒的民族。後來，胡椒成為西歐中世紀社會生活中應用最廣、最具代表性的一種香料。當時，人們常用「貴如胡椒」這句法國諺語形容某件商品非常貴重。之前有一種流行的説法，認為香料的作用主要是掩飾變質食物的氣味。理由是中世紀歐洲沒有冰箱，衛生條件也一塌糊塗，這種情況下食物很容易變質。但這種説法是經不起推敲的。從東方進口的香料是已知的中世紀歐洲最昂貴的物品之一：一頭豬與一磅最便宜的胡椒價格相等。那些有能力享用香料的人只需花買香料的錢的一小部分就能買到新鮮的肉，為什麼要把昂貴的香料浪費在廉價的肉上呢？至於窮人，雖然更擔心食物腐敗，但他們根本沒錢買香料。

中世紀歐洲人究竟要用香料掩蓋什麼味道呢？答案是醃肉的鹹味。由於沒有足夠的食物餵豬，一到冬季，大部分的牲畜都會被宰殺，吃不了的肉就用鹽醃製起來。在整個漫長的冬季裏，人們只能靠吃鹹肉維生。「代表上帝意志」的天主教會還規定，每年復活節前的 40 天，每個星期五（耶穌在星期五受難），在某些地方還有星期三，以及一些重要的宗教節日，如聖誕節的前夕，人們必須齋戒，禁止吃肉，只能吃「冷食」。這些日子加起來有大半年，於是乎，在

齋戒的痛苦日子裏，能夠擺上歐洲人餐桌的動物，只剩下了魚。因為魚是從水裏打撈上來的，所以教會網開一面，算它是「冷食」，而鹽醃過以後風乾的魚乾的滋味，比醃豬肉也好不到哪裏去。

正是香料使齋日變成了歡宴之日。「差不多每樣魚和蔬菜都要加上香料，每頓飯從頭至尾都離不開香料。」在 13 至 15 世紀歐洲的烹飪類書籍中，75% 的食譜都需用香料；中世紀英國的烹飪類書籍中，香料的使用率甚至高達 90%。當時的廚師發明了數百種使用香料的方法，幾乎沒有什麼食物不加香料。「無論何種原因或需要與否，在任何情況下，菜肴總是為香料所籠罩。人們通常把食物搗碎，然後加入大量香料，以至於食物本身的味道都被香料遮蓋了。」公元 1194 年，蘇格蘭國王拜訪英格蘭國王時，每天都要吃下至少兩磅胡椒，連所飲的葡萄酒，都要用胡椒粉重熬一遍。

當時香料最重要的用途是製作花樣繁多的沙司。調製沙司是每一個中世紀歐洲廚師必備的基本功，他們對香料的創意被發揮到了極致。有了香料的存在，即便四旬節的餐盤也變得有滋味了。香料的使用也從主食延伸到了甜點、酒類等，變成生活中不可或缺的一部分。體會到香料的美好之後，歐洲人沒法再過回沒有香料的日子了。

## 向着香料前進

香料並非歐洲本地出產,而是千里迢迢地從遙遠且神祕的東方運過來的。香料在從東方運抵西方的過程中經過了重重的轉手,價格往往居高不下。尤其是 1453 年,奧斯曼土耳其帝國攻陷了君士坦丁堡之後,整個中東的絲綢之路都成了穆斯林的天下。歐洲人再不能通過波斯灣直接前往印度及中國了。歐洲中世紀貴族的生活根本離不開香料,香料是一切貴重物品和上等生活的同義語,為了得到讓他們神魂顛倒的東方香料,他們勢必要找到一條通往「香料群島」的新貿易路線。

在這一時期的西歐,人們已逐漸掌握了遠洋航行所需的勇氣、知識和技術。對於當時的航海家而言,能夠在海上活動,除了對上帝的虔誠信仰以外,更多的是依靠相關科技:由占星術發展而來的方向辨識法、指南針,從穆斯林的獨杆三角帆船發展而來的大三角帆技術 —— 這項技術將三角帆從橫帆的替代物轉化為推進船隻的重要附加物,以及本國發達的造船業。從 12 世紀起,歐洲人便開始製造用於航海的大型船隻;300 年內,歐洲普通船舶的噸位增加了將近兩倍。在短短的幾個世紀之內,歐洲人或是從阿拉伯人那裏學會了使用,或是自己動手發明改造了諸如羅盤、六分儀、海圖、三角帆、三桅帆船等工具或技術,終於使自己擁有了在各種複雜氣候條件下遠航的能力。接下來,就看誰率先邁出第一步了。

率先邁出第一步的竟是一個當時最不起眼的歐洲國家 —— 葡萄牙。已經有半個多世紀的時間，葡萄牙的遠征船隊沿着非洲的西部海岸線步步向南推進，但實際上直到 1488 年，航海家迪亞士才繞過非洲的最南端（好望角）並沿其東海岸航行了一段短距離。可是，這以後的九年裏，葡萄牙的遠征活動幾乎停止下來。而西班牙在這期間派出由哥倫布率領的遠征船隊，開闢了橫渡遼闊的大西洋的航線（雖然哥倫布未能在美洲找到香料）。這個重大發現激起葡萄牙人前所未有的急切慾望，他們急不可待地要尋找通向富饒的東方大陸的捷徑。葡萄牙國王認為最佳的方案是繞過非洲再向東航行，於是他裝備了一支探險船隊來承擔這次艱險的航行。

　　國王選中瓦斯科‧達‧伽馬做船隊的指揮官，這位未來的大航海家 1460 年生於葡萄牙一個中產階級的家庭。他的父親老伽馬是一個有名的駕船好手，後來得到機會，進了宮廷供職。小瓦斯科的童年是在水手的熏陶中度過的，他學會了游泳、駛帆、捕魚、辨風向、識星辰，最使他心馳神往的，還是那些老水手劈風斬浪，到遠方國家航行的故事。

　　1495 年，葡萄牙國王若奧二世決定派老伽馬任探索印度遠征隊的總指揮。一切準備就緒，不料，老伽馬猝然去世。那時，小伽馬已是個 30 多歲的壯年漢，他精通數學、航海術，對地圖、羅盤、桅帆等很有研究，曾參加過葡萄牙與西班牙的戰役，當時又正在宮廷供職，雄心勃勃，頗有大將風度。於是，他繼承了父親的遺職，被

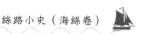

任命為遠征隊司令官。

1497 年 7 月 5 日，在全城一片歡呼聲中，這位勇敢的探險家和水手們的船隊駛離了里斯本。達‧伽馬的船隊包括 4 艘船隻，共計 170 餘名船員，包括會講阿拉伯語的翻譯。探險隊最初向佛得角群島行進。隨後，達‧伽馬沒有沿着非洲的海岸線而是向大西洋遠航。航線幾乎是直線向南，行進了很長一段路程後朝東轉去，到達了好望角。這是一條優選的航線，比沿海岸下行要快，但是更需要拚搏精神和高超精湛的航海技術。由於達‧伽馬選擇了這條航線，途中有 93 天在他的航船上望不見陸地。

12 月，船隊繞過非洲南端，轉頭朝北，駛向印度。又過了幾個月，船隊遇到一艘印度商船，這艘船願意給他們當向導。經歷了 10 個月的艱難航行，1498 年 5 月 20 日，「以耶穌和香料的名義」，達‧伽馬的船隊終於在印度的卡利卡特登陸。達‧伽馬也成為第一個繞過非洲大陸到達印度的歐洲人。

## 用刀劍奪取香料

然而，經過最初短暫的狂喜，達‧伽馬很快發現，港口上堆積如山的香料並非唾手可得 —— 早已熟悉對外貿易的本地人對葡萄牙人帶來的禮帽、蜂蜜、洗臉盆等小玩意毫無興趣，堅持要求他們用金銀付賬。據說一件在葡萄牙能賣 300 里爾的歐洲襯衫，在印度只

值 30 里爾。在達‧伽馬離開印度時，卡利卡特國王讓他轉交一封給葡萄牙國王的信，信中說：「我國盛產肉桂、生薑、胡椒和寶石，我請求您用來交換這些東西的是黃金、白銀、珊瑚和鮮紅的布。」遺憾的是，除了銅和黃金外，葡萄牙人沒有任何有價值的商品能在這個體系內交換，野心勃勃的達‧伽馬並沒有獲得想象中的暴利。啟程回國前，他鳴放禮炮以示告別，卻意外地發現當地人對此害怕得不知所措。這一下他才注意到，這個富可敵國的港口，竟然沒有什麼像樣的軍隊。

1499 年 7 月 10 日，經過 26 個月探險航行的達‧伽馬遠征隊返回葡萄牙的里斯本。儘管生還者不及三分之一，船隊也只剩下兩艘滿目瘡痍的破船，國王還是熱烈地歡迎他們，並且賜給達‧伽馬「印度洋海軍上將」的稱號。因為達‧伽馬找到了一條給他國家帶來無盡財富的新貿易航線，整個葡萄牙都為他們唱起頌歌。

隨之而來的是殘酷的征服。1500 年，一支由 13 艘大帆船、1000 多名水手組成的葡萄牙艦隊出發直撲印度。他們沒帶多少購買香料的黃金，而是裝備了盡可能多的火炮。葡萄牙國王命令他們：必須以任何必要的手段從異教徒手中奪取香料貿易的控制權。剛一到達，他們便要求崇尚自由海洋貿易的卡利卡特港統治者驅逐所有的穆斯林商人，遭到拒絕後立刻用重炮對人口密集的城市進行了兩天野蠻轟炸。

兩年後，葡萄牙與印度海岸各港口及穆斯林商人的戰爭全面爆

發。達‧伽馬親率 20 艘武裝戰船開赴印度，在所有販賣香料的港口進行殺戮和搶劫：阿拉伯商船和印度漁船成批成批地被擊沉、燒毀，無辜的商人與海員被吊在桅杆上，手臂、耳朵、鼻子被砍掉，掛在自己的脖子上。1511 年，阿方索‧德‧阿爾布克爾克統領葡萄牙艦隊攻陷馬六甲後，隔年旋即派遣安東尼奧‧德‧阿布魯率領 3 艘帆船，在馬來領航員的指引下繼續往東航行，找到了丁香與肉豆蔻的產地———馬魯古群島（香料群島），葡萄牙因此也就獲得了對東南亞香料主要產地的絕對控制權及對歐洲等地香料貿易的絕對壟斷權。此後幾十年，暴力與血腥讓葡萄牙人得到了他們夢想的一切：難以計數的胡椒、桂皮、肉豆蔻，以及來自遙遠中國的生薑、大黃、蘆薈……

葡萄牙的暴發引起了其他歐洲國家的覬覦。既然在那個遊戲規則還沒有建立起來的時代，對外部世界的控制完全靠實力說話，小小的葡萄牙就不可能阻止第三方力量的介入，而香料之路也註定無法成為任何一個殖民者的禁臠。16 世紀末，荷蘭人開始躋身於東方的競爭。與葡萄牙人相比，荷蘭人從一開始就具備了一些有利條件，使其在競爭中取得勝利的可能性要大大超過其他任何可能的競爭者：這是一個具有航海傳統的民族，其艦船快捷便利，裝備精良，戰鬥力強，他們從事海上貿易的歷史和海軍力量的發展使其擁有「海上馬車伕」的稱號。更為重要的是，1602 年，荷蘭東印度聯合公司成立，公司得到了政府的大力支持並被授予廣泛權力，其所擁有的

資本是它的英國同行的 10 倍。

1595 年，荷蘭第一支遠征隊開往馬來群島，半個世紀之後，到 1641 年 1 月，馬六甲最終陷落，葡萄牙人對馬六甲海峽 130 年的統治宣告結束，荷蘭人在馬六甲海峽的霸權由此確立。荷蘭人最終控制了「香料群島」，直到第二次世界大戰爆發。

## 香料熱的消退

新航路的開闢標誌着歐洲人開始直接參與香料貿易，這結束了自羅馬帝國滅亡以來歐洲人一直依靠中間商獲取香料的歷史。歐洲人很快控制了香料在世界上的貿易，並且還在很大程度上控制了香料的生產。

佔有「香料群島」的荷蘭人將大量香料販運到歐洲，從中獲得巨額利潤。1621 年年初，荷蘭將 64285 英擔（1 英擔約為 112 磅）胡椒運到歐洲，而 1615—1621 年，英國年均進口香料 8000 英擔。此後，進口額持續增加。荷蘭香料貿易的毛利潤為 1000%，有時甚至高達 4000%。在整個 17 世紀，丁香和肉豆蔻的平均利潤為 2000%，荷蘭人從中獲得了暴利。

然而，荷蘭實現對香料貿易的壟斷之時也正是香料貿易盛極而衰之際。新航路開闢後的 200 多年裏，香料貿易的絕對數額增長了 3 倍，而香料大量進口的結果是其價格下降。為保證其利潤，荷蘭人

為地控制市場上的香料數量，定期銷毀過剩的香料。18 世紀上半葉，荷蘭人「有時把大量胡椒、肉豆蔻燒毀或投入大海……以保證價格不跌」。荷蘭還定期舉辦香料篝火晚會。1735 年，僅阿姆斯特丹就焚燒了 125 萬磅肉豆蔻，篝火之旺使流出的香料油把人們的鞋都浸透了。1760 年 6 月，價值 1600 萬法國里弗爾的肉桂在阿姆斯特丹海事法庭大樓外燃燒了兩天，整個荷蘭都瀰漫着肉桂的香氣。

　　具有諷刺意味的是，在終於能夠盡情享用香料之後，歐洲人對香料的熱情卻迅速消退了。實際上，16 世紀的飲食習慣在某種程度上仍然延續了中世紀傳統，始終以香料的香味為主導，重糖、鹽，重色。然而，到 17 世紀中葉，大量使用香料在一些階層看來已是某種烹飪方面的笑話。法國開風氣之先，率先對中世紀的烹飪方式進行了改革。弗朗索瓦・馬薩里奧的《王室與市民的廚師》等許多書籍被譯為意大利文。法式菜肴主張飲食清淡、簡單、平衡，體現食材的原貌，保持其原汁原味。東方香料在法式廚房中迅速失勢，這些進口香料被說成是「食物的謊言」，因其遮掩了食物的味道。結果，大部分香料都被 17、18 世紀的西歐人擯棄了。

　　與之相反的是，新的飲料、刺激物和調料，如咖啡、茶、巧克力和煙草提供了新的味覺誘惑。比如煙草，被證明是非常讓人上癮的。17 世紀末，棉布已經取代香料成為荷蘭東印度公司最大宗的貿易商品，而到 18 世紀，茶葉和咖啡則成為歐洲人的新寵。荷蘭東印度公司在 17 世紀成立的目的就是要獲得香料 —— 17 世紀上半期最

有價值的貨物，但 17 世紀末開始，歐洲的需求轉向了印度的棉布和絲織物，中國、孟加拉和波斯的絲綢，它們的地位在香料之上。18 世紀，茶葉和咖啡變得十分重要，而香料的價值就相對更低了，它終於不再成為人們奢望難求和大量使用的調料了。

# 通往咖啡故鄉的茶葉之路

可可、咖啡與茶是當今世界鼎足而立的三大非酒精飲料。世界上第一杯咖啡正是由阿拉伯人熬製的；著名的摩卡咖啡就產自阿拉伯最古老的國家之一 —— 也門。當十字軍東征時期的歐洲人第一次接觸到咖啡的時候，他們把這種誘人的飲料稱為「阿拉伯酒」。不過，隨着中西方交往的密切，鍾愛咖啡的阿拉伯人逐漸接受了茶，這種來自中國的飲料亦在咖啡的主場佔有了一席之地。

## 酒與咖啡的天下

蒙昧時代的阿拉伯人嗜酒如命，豪飲無度，酷愛飲酒到無以複

加的程度。有人統計，在古阿拉伯語中，關於酒的名稱就有 100 多個，用椰棗製成的酒（khamr）被視為上品。7 世紀以前的阿拉伯半島，只要有人聚居的地方，就有小酒館。諸如麥加、麥地那等商業發達的城市，酒館更多。一天的勞累之後，男人們喜歡來到酒館，喝喝酒聊聊天，藉以消除一天的疲勞。那時的人們，以開懷豪飲為榮，非常捨得花錢，常常為喝酒揮金如土，有的甚至為喝酒賣掉家產與奴隸，認為這事關一個男人的尊嚴。

這樣的情況在先知穆罕默德創立伊斯蘭教後發生了改變，《古蘭經》明確寫道：「信道的人們啊！飲酒、賭博、拜像、求籤，只是一種穢行，只是惡魔的行為，故當遠離，以便你們成功。」在「聖訓」裏，穆罕默德也說：「酒無論多少都是被禁止的。」禁酒遂成為伊斯蘭教的一大特徵。唐代曾經遊歷阿拉伯帝國十餘年的杜環在他的《經行記》裏也發現，大食人「斷飲酒，禁音樂」。

不過，就像一句古阿拉伯俗語所說的一樣：「酒是肉體，音樂是靈魂，快樂是二者的產物。」誰會拒絕快樂呢？《一千零一夜》等文學作品就記載了無數關於縱酒狂歡的故事，就連先知的繼承人，阿拉伯帝國的統治者哈里發們，也逐漸忽視了戒律。倭馬亞王朝第二任哈里發葉齊德便是一個著名的酒鬼，人稱「酒徒葉齊德」。他不但自己時常豪飲，甚至還馴養了一隻會喝酒的猴子，讓它參加自己的酒席。到了第十一任哈里發瓦立德二世，喝酒已經成為他每天生活中最重要的事。據說他慣於在酒池中游泳的同時狂飲酒池裏的酒，

以至能顯然看出池中的酒平面下降⋯⋯

在中世紀的阿拉伯半島，不含酒精的飲料是冰果子露，主要成分是糖水加紫地丁露、香蕉露、薔薇露或桑葚露。此外，用同樣的辦法以各種植物的果實釀成的低度果酒也是百姓喜歡的飲品。據說用這種方法製造的飲料不會醉人。有一些伊斯蘭教教律學派，比如哈奈斐派，就認為這種飲料不算是酒，所以是合法的。

至於咖啡，最早期阿拉伯人的食用方式是將整顆果實放入口中咀嚼，以吸取其汁液。後來，他們發現了咖啡具有提神功能，於是發明了將磨碎的咖啡豆與動物的脂肪混合的辦法，將其當作長途旅行的體力補充劑。11 世紀以後，阿拉伯人開始烘焙及研磨咖啡豆，配製出了真正意義上的咖啡，咖啡因此成為阿拉伯人的日常飲料。

## 來自東方的茶葉

中世紀的伊斯蘭世界在享受美酒與咖啡時，其實已經接觸過來自東方的茶葉。全世界語言中「茶」的發音都來自漢語，茶葉和飲茶的習慣通過海上絲綢之路與陸上絲綢之路兩條不同的路線傳至國外。這從「茶」這個詞在外語中的兩類不同讀音可以找到線索：凡是從海路去的都來源於福建沿海地區茶園的閩南話，如英、法、德、荷蘭語中的 tea、thé、tee、thee；凡是從陸路去的則來源於官話，如俄語的 chai，羅馬尼亞語的 ceai。

隋唐時期，阿拉伯商人已經循陸路來到中國。這條路線出巴格達東面的呼羅珊門，沿著名的呼羅珊大道（基本上是絲綢之路的中段）經伊朗、中亞，直至今吉爾吉斯共和國境內的奧什，自奧什東南行，過特列克山隘至中國新疆的喀什 —— 當時西域南道的商業中心，再循絲綢之路至長安。伊斯蘭世界土耳其語的 cay，阿拉伯語的 shāy，波斯語的 chāy，顯然都屬於兩類「茶」的發音中的後者，這就意味着他們很早就通過陸上絲綢之路了解到了中國的茶葉。

唐代中葉以後，海上絲綢之路興起，中國通往波斯灣的航線出現新的突破，記於 8 世紀末的《廣州通海夷道》詳細記錄了中國海船從廣州起航，穿過馬六甲海峽至印度南部，又沿印度南部海岸西上，再沿海岸線西行至波斯灣，航行到波斯灣的盡頭 —— 被阿拉伯史家稱為「中國商港」的巴士拉，全程最短時間僅僅只需驚人的 89 天。

公元 851 年，阿拉伯商人們通過海路來到華南的中心城市廣州，將見聞集成《中國印度見聞錄》一書，書裏提到了茶葉：「國王本人的主要收入是全國的鹽稅以及泡開水喝的一種乾草稅。在各個城市裏，這種乾草葉售價都很高，中國人稱這種草葉叫‘茶’（sakh），此種乾草葉比苜蓿的葉子還多，也略比它香，稍有苦味，用開水沖喝，治百病。」作者可能此前尚未見識過茶葉，因此對茶及唐人飲茶的嗜好還充滿了新奇感。但唐代的茶葉已經傳播到了伊斯蘭世界卻是毋庸置疑的。1998 年，德國海底尋寶者在印度尼西亞

蘇門答臘島附近發現「黑石」號沉船。據考證，這艘船826年左右從中國駛往阿拉伯。在船上眾多的唐朝文物中有一小碗，上面寫有「茶盞子」三個字，這便是唐代茶葉西傳的有力物證。

唐代後期的阿拉伯商人對中國的地理已經相當熟悉，伊本‧胡爾達茲比赫是一位阿拉伯地理學家，著有《道里邦國志》一書。書中談到阿拉伯船隻到達江南的情景：「從廣州至杭州為8天程，杭州港物產與廣州相同。從杭州至江都為20天程。江都的物產與廣州、杭州兩地相同。中國的這幾個港口各臨一條大河，海舶可在其中航行。」一些深入江南腹地的阿拉伯商人甚至已經開始在中國做起茶葉買賣。詩人施肩吾到家鄉杭州附近的桐廬買茶（「榷茗」）時看到，「胡商大鼻左右趨，趙妾細眉前後直。醉來引客上紅樓，面前一道桐溪流」。這些被指稱為「大鼻子」的胡商，沿着交通線到達茶葉生產地睦州府（今屬杭州市）桐廬縣，進貨後到其他地方銷售，從中賺了不少錢，因而吸引了妓女圍着他們不停地轉。

## 源自英國的紅茶風尚

13世紀的蒙古西征後，元世祖忽必烈的弟弟旭烈兀在西亞建立了伊利汗國。由於兩個王朝君主間親密的血緣關係，波斯與中國的交流達到了前所未有的地步，經由絲綢之路傳入的東方影響在伊利汗國隨處可見。波斯和阿拉伯酷愛中國的藝術，他們仿造中國的瓷

器，學習中國的水墨畫，戴中國式的帽子，穿中國式的服裝。「總之，中國風尚在蒙古人統治時期的伊朗社會中，已成為最流行、最有感染力的新事物。」

但是，直到這一時期，從當時馬來半島的航運中心克拉運去西亞的茶葉也只在伊利汗國被當作藥物使用。13 世紀拉施特的《農藝書》指出茶（tchay）是一種草藥，「我們的醫生稱之為‘人民的國王’」。這與茶葉在中國起初也是作為藥材的境遇倒是如出一轍。

茶作為飲料被整個伊斯蘭世界所接受，是很久以後的事情了。17 世紀開始，飲茶之風在西方國家興起。「十七世紀初，當歐洲人開始飲茶時，他們喝的是綠茶」，後來情況發生了變化，在當時壟斷中國茶葉貿易的英國，「武夷茶（紅茶）取代了綠茶」。這是因為一方面，紅茶比綠茶要便宜；另一方面，與綠茶相比，紅茶含有更多的熱量，對平均氣溫相對較低的地區而言，飲紅茶更為合宜，因為紅茶可以暖胃並且提供熱量。此外，綠茶較為清淡雅緻，與牛奶混合會失去其基本的特點，紅茶則不然，「往裏面加糖和牛奶有助於使其更為可口」，能夠更好地契合英國人已經形成的飲食結構。這一轉變的影響極為深遠，為舉世聞名的英國紅茶文化奠定了基礎。同時也奠定了此後國際茶貿易以紅茶為主的格局。

在「日不落帝國」的鼎盛時期，紅茶成為英國上流社會不可缺少的飲料，漸漸地，飲用紅茶演變成了一種高尚華美的紅茶文化。英國在向全球擴張的過程中，也把自己的飲茶風尚推廣到了殖民

地。在 20 世紀初，阿拉伯帝國古都巴格達的人們還未見過茶葉，但今天，喝茶已是伊拉克人的日常習慣。伊拉克不生產茶葉，茶葉需求完全依靠進口。20 世紀初，伊拉克茶葉進口僅以百噸計，半個世紀後已增至萬噸以上，60 年代又增至 2 萬噸左右，70 年代突破 3 萬噸大關，80 年代以後甚至達到 4 萬～5 萬噸的高水平，平均每人一年飲茶已達 2 公斤上下，茶迅速取代了咖啡，成為傳統伊拉克生活的一部分。伊拉克人飲茶喜歡熱飲，方法是在紅茶中加白糖一起煮，長幼皆宜。同樣的轉變也發生在人口最多的阿拉伯國家 —— 埃及。甜茶在埃及非常盛行，埃及人接待客人時，經常會端上一杯加了許多白糖的熱茶。甚至並非英國殖民地的土耳其在凱末爾的歐化改革後也接受了茶葉。原本，同阿拉伯人一樣，土耳其人素有飲咖啡的習慣。濃香的土耳其咖啡頗具特色，對許多人都很有吸引力。不過，20 世紀中期以後，茶葉這種物美價廉的天然飲料很快就受到廣泛歡迎，日益取代了咖啡的地位。雖然從茶性上講，氣候炎熱的中東地區並不是最適合飲用紅茶的地區，土耳其人卻也和阿拉伯人一樣熱衷喝紅茶，並加上白糖，否則茶味苦，難以下咽。

## 馬格里布的嗜茶國度

傾向紅茶的口味偏好對中國綠茶在國際市場上的銷售當然是一個巨大的打擊，加上面臨印度、日本等國茶葉的激烈競爭，20 世紀

30 年代，中國茶葉在世界市場上的份額從一百年前的 100% 急劇下降到 10%，只及印度的四分之一。中國茶葉的最大市場已經不是歐洲，不是美洲，而是在北非：在 1936 年的華茶出口量中，北非竟獨占近一半（45%）的份額！

這是由於位於阿拉伯世界最西部（馬格里布地區）的摩洛哥的存在。從大約 19 世紀初開始，受到歐洲影響的摩洛哥上層開始享用茶葉；1830 — 1860 年間，茶葉消費逐步擴散到市民階級；1861 — 1878 年間，保守的摩洛哥農村也開始飲茶；1879 — 1892 年間，茶葉消費終於由上而下遍及整個摩洛哥王國。與大多數阿拉伯國家不同，摩洛哥人喜好綠茶，每天需要飲用四五次，每次茶葉用量較大。泡茶時除茶葉外，還加上兩三片新鮮薄荷葉，放在茶具內或茶杯裏，再行沖泡，一併放入冰糖。綠茶、薄荷與冰糖，都具有清涼、爽口、調味的特性，也很適應熱帶氣候的需要。與其他阿拉伯國家相同，摩洛哥人需要的茶葉也完全仰賴進口。起初，茶葉是從地中海對岸的法國馬賽港轉銷摩洛哥，之後逐漸改由英國倫敦轉銷。直到第一次世界大戰結束後，中國茶葉開始直接運銷摩洛哥。到 20 世紀中期，摩洛哥已需要每年進口 30 萬擔，占世界綠茶進口國家消費總量的半數，因此成為中國綠茶的最大海外市場。

但摩洛哥人的飲茶方式仍和其他阿拉伯國家的人一樣，喜歡放入大量的糖。曾經有人調查過卡薩布蘭卡郊區一戶四口之家的中等農戶，平均每月消費茶葉 3 斤，而白糖卻達 24 斤之多。這與其說是

糖茶，不如說是茶糖。今天，在摩洛哥人的社交活動中，加白糖的綠茶是一種必需的飲料，特別是在逢年過節的宴會上，主人喜歡用這種摩洛哥式的甜茶（1份綠茶加10份白糖）招待各國賓客。在雞尾酒會式的招待會上，用甜茶代替各種酒類來招待客人更是常事。按照摩洛哥風俗，主賓在用餐之後，照例還要飲茶三道，着實已經到了「寧可一日無食，不可一日無茶」的地步，讓人幾乎無法想象，這裏曾經是熱衷酒類與咖啡的國度。

## 一種生活方式和一場戰爭
# 東印度公司的茶葉生意

如所周知，英國東印度公司除了擁有東印度的政治統治權，還像對於茶葉貿易，對於中國貿易一般，對於印度與歐洲間的貨物運輸業，擁有排他的獨占權。

——卡爾·馬克思《資本論》

## 爭相來華的東印度公司

說起來，在 13 世紀，中世紀的歐洲旅行家就已經來過東亞大陸，但他們對茶葉幾乎一無所知，「從茶葉發現後的一千年間的中西交流上看，關於茶葉的種植和飲用在 16 世紀以前沒有傳到歐洲是一件十分奇怪的事情」。最早一批提及茶葉的西方文獻晚至大航海時代之後才出現。1565 年，意大利傳教士路易斯·阿爾梅達從日本寄回國內的信件中提道：「日本人非常喜歡一種藥草——茶。」同一時期

的著名來華傳教士利瑪竇也在他的日記裏記載：「有一種灌木，它的葉子可以煎成被中國人、日本人和他們的鄰人叫作茶的那種著名飲料。」東西方海上交通線通過海上絲綢之路建立之後，茶葉隨即傳入了歐洲。1596 年，荷蘭人開始在爪哇開展貿易。大約在 1606 年，第一批茶葉已運到荷蘭，這被認為是茶葉第一次作為商品進口到歐洲。近代學者在荷蘭東印度公司的檔案裏發現了一封信，是該公司的職員威克漢（R.Wickham）於 1615 年 6 月 27 日在日本寫給在澳門的同僚伊頓（Eaton）的，他在信中要「一包最醇正的茶葉」。檔案裏還有一封東印度公司的 17 個主管寫給殖民地總督的信，日期是 1637 年 1 月 2 日，信裏說，「因為茶開始被一些人所接受，我們所有的船艦都期待着某些中國的茶葉能和日本的一樣好銷」，顯示此時飲茶的風氣已在歐洲形成。

早期的歐洲茶葉市場幾乎完全被荷蘭人所壟斷，所運茶葉除荷蘭本國消費外，還轉賣歐洲其他國家和北美殖民地，荷蘭首都阿姆斯特丹因之成為歐洲的茶葉供應中心。中國是茶葉的產地，與絲綢和瓷器一樣，早期的中荷茶葉貿易主要是經巴達維亞（今印度尼西亞首都雅加達）進行的間接貿易，即由中國商人將茶葉等中國商品運往巴達維亞，再由荷蘭人運往歐洲。在每年的 12 月份，福建南部的中國商人利用北季風下海，經歷 28 天的航行後，帆船便能抵達巴達維亞，「中國帆船的到來給這座城市增添了明亮的色彩」。特別是康熙皇帝放開海禁後，中國商船到達東南亞的數量明顯增加，

1690—1718 年間，平均每年有 14 艘中國商船駛往巴達維亞。荷蘭人購買茶葉後一般由公司專門派出的「茶船」裝茶，並在 2 月或 3 月離開巴達維亞前往歐洲，以適應荷蘭市場在 11、12 月銷茶。

進入 18 世紀，中荷茶葉貿易的規模進一步擴大，但由於間接貿易所購的茶葉質量差，運輸速度慢，從 1729 年起，荷蘭東印度公司開始直接派船到廣州購買茶葉。實現這一次「處女航行」的荷蘭商船「科斯霍恩」號（Coxhorn）載着價值 30 萬荷蘭盾的白銀在 1729 年 8 月抵達廣州，第二年返航時，共運回茶葉 27 萬磅，絲綢品 570 匹以及陶瓷等物，總值 27 萬至 28 萬荷蘭盾。貨物脫手後，扣除各種費用，淨得利潤 32.5 萬荷蘭盾！

短短 30 年間，荷蘭從廣州購買的茶葉量竟飆升了 4 倍，而超過 100% 的驚人利潤率自然也引來了歐洲其他國家的覬覦。一時間，群起效仿荷蘭東印度公司的同名組織紛紛成立，英國有東印度公司，法國有東印度公司，甚至遠在北歐的丹麥和瑞典也各自成立了一個東印度公司。值得一提的是，2006 年曾經來華訪問的瑞典仿古帆船「哥德堡」號的前身就是一艘從事中國—瑞典貿易的瑞典東印度公司商船。1745 年 9 月 12 日，作為瑞典東印度公司最大的一艘遠洋大船，「哥德堡」號從廣州貿易歸來，船上裝載着大約 700 噸的中國物品，包括 366 噸茶葉、瓷器、絲綢和藤器。當時這批貨物如果運到哥德堡市場拍賣的話，估計價值 2.5 億至 2.7 億瑞典銀幣。不幸的是，在距離哥德堡港口不到一公里的地方，「哥德堡」號觸礁沉沒，

人們從沉船上撈起了 30 噸茶葉、80 匹絲綢和一些瓷器，在市場上拍賣後居然還足夠支付「哥德堡」號這次廣州之旅的全部成本，甚至還能夠獲利 14%。無怪乎，從利潤率角度而言，瑞典東印度公司稱得上是瑞典歷史上盈利最高的企業，還沒有一家公司能夠打破它創造的盈利記錄。到了 18 世紀 50 年代左右，這些東印度公司每年從中國進口的茶葉都超過 1 萬擔，使得輸入歐洲的中國茶葉總量超過了 10 萬擔。

## 後來居上的「約翰公司」

1729 年荷蘭開闢對華茶葉直接貿易後，一直到 18 世紀 60 年代末，荷蘭的華茶購買量始終獨佔鰲頭，譬如 1730—1740 年間荷蘭在廣州購買的茶葉量加上在巴達維亞購買的茶葉量，其總量明顯高於英國的購茶總量，約是英國購茶總量的 3.7 倍。但在 70 年代後，局面發生了逆轉，根據 1776—1784 年的統計數字，荷蘭進口的茶葉量僅有 21.8 萬擔，竟不足英國（48 萬擔）的一半。到了 1793 年，荷蘭東印度公司來華貿易船隻數量降到僅有兩艘，購茶量不到廣州出口總額的十分之一。直到 1799 年荷蘭東印度公司宣告解體，荷蘭的華茶購買量再也沒有超過英國。後來居上的英國人成為中國茶葉的最大買家。

與荷蘭人一樣，英國的茶葉生意也是通過自己的東印度公司進

行的。1600 年的最後一天，英國女王伊麗莎白一世向「倫敦商人東印度貿易公司」頒發了特許狀，宣佈「自好望角以東一直到麥哲倫海峽整個東方地區的貿易屬於東印度公司的專利」。1661 年，英王查理二世又授予公司「對東方所有英國人的司法裁判權以及維護其防禦區並擴充其防衛軍隊的權力」。1702 年，「倫敦商人東印度貿易公司」與 1699 年成立的另一家頗具競爭實力的新公司「英國對東印度貿易公司」協商合併，1709 年合併成功並命名為「英商東印度貿易聯合公司」（The United Company of Merchants of England Trading to East India），通稱為「英國東印度公司」。從這個時期開始，東印度公司不再只是英王室特許下的貿易公司，「而是由議會核准、得到法律的承認，並且被宣佈為國家的企業」。西方史學家認為，東印度公司的最後組成，是足以與英格蘭銀行的創立相提並論的兩件「光榮革命」發生後的頭等經濟事件。為了與其他歐洲國家的東印度公司相區別，英國東印度公司又被稱為「約翰公司（John Company）」。

英國人的中國茶葉貿易始於 1664 年。這一年，英國東印度公司倫敦總部指令其在萬丹（在印尼爪哇島西部）的代理采辦「100 磅上好的茶葉」，並於 1669 年從萬丹運華茶入英。17 世紀末，英國東印度公司與清朝建立了穩定的貿易往來，並在廣州建立了商務處。1687 年，英國東印度公司規定，每艘從孟買到中國的商船都應該運載 150 擔茶。1699 年，英國東印度公司從中國訂購了 300 桶上等綠

茶、80 桶武夷茶。

進入 18 世紀後，英國東印度公司「就將它的整個生產轉到中國茶葉的進口上來」。1704 年，一艘不過 350 噸的英船「肯特」號一次就販去茶葉 117 噸。1721 年，從廣州輸往英國的茶葉超過 100 萬磅，1766 年為 600 萬磅，1772 年已達 3000 萬磅，其中三分之二以上是福建茶葉。

依仗英國海軍的海上優勢，英國東印度公司極力排斥歐洲大陸其他國家的對華茶葉貿易，力圖成為華茶海外市場，尤其是歐洲市場的唯一代理商，從而獨享茶葉貿易的商業利潤。1721 年貿易季度，英國東印度公司訓令其派往廣州的隨船管理會「不惜用任何代價，一定要使那些闖入者的航運不利」，以使歐洲對手們厭倦於茶葉航運，進而壟斷茶葉市場。為此，英國東印度公司在派往廣州的船隻上增派士兵，以便在沿途阻撓競爭者，使之誤失航期。

到 18 世紀 80 年代後期，英國東印度公司「從其他歐洲各國手中奪回茶葉貿易的措施，已經收到預期的良好效果」，茶葉貿易額增加至少達兩倍。對於最大的競爭對手荷蘭，英國東印度公司訓令隨船管理會一旦遇到荷蘭船立即「捕獲」，「如果他們抗拒，即予破壞」。1780 年年底，荷蘭在美國獨立戰爭期間向北美殖民地叛軍提供援助，英國藉機對其宣戰（第四次荷英戰爭）。雙方的實力差距着實懸殊，英國海軍擁有戰艦 122 艘，而荷蘭只有 7 艘，無力為其商人提供有效的保護，荷蘭海外貿易因此在這場戰爭中受到重創。荷

蘭東印度公司的對華貿易量因商船受到英國攻擊而急劇下滑。1781年，在不知戰爭爆發的情況下，從荷蘭派往中國的 4 艘商船有 3 艘被英國俘獲，1 艘被燒，未有一艘抵達目的地廣州。1783 年，3 艘懸掛普魯士旗幟的荷蘭商船前往廣州，結果其中 2 艘在往返航程中相繼失蹤。荷蘭東印度公司從此一蹶不振。大約與之同時，在約翰公司的排擠下，法國東印度公司也在 1795 年陷於破產。瑞典、丹麥以及其他「小公司」，實際已經主要由英國散商來經營了，它們所進口的茶葉，連總量的 10% 都不到，而且在 1807 年以後，也都停止了茶葉貿易。除了美國尚在茶葉市場上佔有一定份額之外，英國東印度公司如願以償，幾乎壟斷了中國的茶葉出口。1800 年，英國進口的茶葉已達 23 萬餘擔，占西方進口茶葉總量的 77%，直到英國東印度公司對華貿易壟斷權終止的 1834 年，一直保持在這一水平。

## 「商業王冕上最貴重的寶石」

在英國東印度公司對華貿易史上，中國茶葉是其「商業王冕上最貴重的寶石」。在 18 世紀剛開始的 15 年裏，茶葉在英國東印度公司對華貿易中所佔的比例並不大，茶葉貨值大約只佔船隻回航商品總貨值的 10% 左右。到了 19 世紀，每年茶葉進口的金額已經佔到總貿易額的 90% 之多。在大量進口中國茶葉的同時，英國也開始向歐洲其他各國和北美轉銷茶葉。1699—1701 年，英國平均每年再出

口茶葉 66 萬磅，占茶葉進口量的 25%；1772—1774 年，平均每年再出口 98 萬磅，占茶葉進口量的 35%。英國近乎壟斷了全世界的茶葉貿易。

1813 年，時人威廉・密爾本對此頗為驚訝，評論道：「在一百五十年前，茶作為一種交易商品還鮮為人知，現在卻居於從亞洲進口的商品中最為著名的行列。在東印度公司所關心的各種商品之中，它不僅是影響最大的，而且是波動最小的。」東印度公司自身對於這一情況的認識也非常清醒，1792 年 9 月 8 日，公司在寫給訪華的馬戛爾尼的指令中明確指出：「由中國輸入最為熟悉的商品為茶、絲、棉織品、絲織品（對於這一項我們無須多言）以及陶瓷器，在這些商品當中，第一項最為重要，數量也最為巨大。」

自從清乾隆二十二年（1757 年）下詔「遍諭番商，嗣後口岸定於廣東」後，廣州成為華茶出口的唯一口岸。福建、江西、安徽等內地的名茶（紅茶主要產自福建省，以武夷茶最負盛名；綠茶主要產自皖南徽州）嚴密地裝在箱內，外用草席包紮，加上標記，在江西鉛山河口鎮裝船，由信江向西順流而下，運至鄱陽湖，走贛江至贛南，由挑夫運過大庾嶺南下，至韶關轉運至廣州，經由洋行（行商）交易出口。行商須經朝廷批准，發給行貼，具有官商性質。1720 年，清廷成立官商的組織「公行」，壟斷茶葉的出口經營，洋商欲購茶葉，只能委託公行代購，並在公行貨棧中過秤、打包、加戳，並代繳關稅才能出口。

另一邊，英國東印度公司的商船則從英倫三島出發，向南行進，繞過好望角，然後根據商業活動的需要，在進入印度洋後或者直接穿越異他海峽到達中國，或者先到印度，然後穿越馬六甲海峽抵達中國。在極大地縮短這一航程的蘇伊士運河於1869年開通之前，這條路線是英國——甚至是所有的西歐國家——同中國進行貿易的最為重要的線路。1739年3月11日，英國東印度公司的商船「霍頓」號離開斯皮特黑德（Spithead），於當年7月27日到達廣州黃埔港，完成了一次快速航行，它的航行路線為「從樸茨茅斯來此處，航行的水程表為15689海里，包括直線通過異他海峽，邦加島（Banca）到這條江（指珠江），為期138天」。

　　在廣州，除了茶葉之外，英國東印度公司還搭配着購入瓷器與西米，使三者在裝載上成為最合理的搭配組合：瓷器質量較重，又不怕潮濕，所以將其作為壓艙物，放在船艙的最底層，這樣不僅能夠保證船隻航行時保持穩定，同時也能防止箱裝茶葉受潮；茶葉質量較輕，需要防潮，所以放在上面，這樣既能保證船隻的重心較為靠下，也能保證茶葉的質量；西米則用來填充瓷器之間的間隔，「儘量把瓷器的空處填滿」，這樣能夠避免瓷器互相碰撞，防止顛簸造成瓷器破損，從而導致不必要的損失。

　　一開始，英國從中國進口的主要是綠茶。1702年，英國東印度公司曾下達指令，要求購買一船茶，並明確地提出了要求——其中三分之二為松蘿茶，六分之一為珠茶，六分之一為武夷茶，前

面兩種茶均為綠茶。直到「1715 年，（英國）市場上充滿了來自中國的綠茶」。但是一方面，紅茶比較便宜，1790 年，位於倫敦皮卡迪利大街 212 號的商家所銷售的綠茶標着「綠茶，每磅 5 先令 6 便士至 6 先令」，而紅茶標着「武夷茶，每磅 4 先令 4 便士」；另一方面，含有更多熱量的紅茶更適合英國的氣候條件，能夠更好地與英國人的飲食習慣相協調。於是，隨着時間的推移，紅茶逐漸取代了綠茶，在中英茶葉貿易中佔據了優勢地位。在 1773 年到 1782 年的 10 年裏，英國東印度公司進口的中國茶葉共 574 萬磅，其中光是武夷茶就佔了近 308 萬磅，超過總量的一半。由於不同種類的茶葉價格不同，英國東印度公司的船隻在運輸的時候也充分考慮到這個問題，通常是將價格較低的茶葉品種放在下面，而將價格相對較高的茶葉品種放置在上一層。1771 年，英國東印度公司的商船將「瓷器放在底層，其次為武夷茶，然後放上松蘿茶和上等茶葉」。1797 年至 1798 年，由於運貨船隻遭遇颱風，很多船貨被海水泡壞，其中各種茶葉的損失為：武夷 237 箱，工夫 356 箱，色種 24 箱，貢熙 23 箱，貢熙骨 4 箱，屯溪 41 箱。可以看出，損失最多的是武夷茶和工夫茶，後面幾種茶葉的損失明顯較少。出現這種現象的原因就在於便宜的武夷茶是被放在壓艙物之上，而工夫茶則是放置在武夷茶之上的，在各種茶葉貨物中，兩者在船艙中的位置最為靠下，其他價格較高的茶葉均放置在更靠上的位置。

## 利潤豐厚的商品

在 18 世紀末，英國消費的茶葉已經「平均每人每年超過兩磅」，茶葉的總消費量達到 2300 萬磅——全部依賴從中國進口。英國人已經離不開茶了，以致國會下令英國東印度公司必須經常保有「一年供應量的存貨」，以保證國內的「茶葉安全」。茶葉貿易成為所有歐洲東方貿易公司最重要、盈利最大的項目。當時活躍在廣州的法國商人羅伯特・康斯登說：「茶葉是驅使我們前往中國的主要動力，其他的商品只是為了點綴商品種類。」

英國東印度公司大量從中國購買茶葉，固然是為了滿足英國人的消費需要。1745 年，政府表示，如果東印度公司不能供給倫敦方面以足夠數量和合理價格的茶葉，就要限制其特許狀。而對東印度公司本身而言，歸根到底是牟取暴利。隨着茶葉貿易的發展，東印度公司賺得的利潤也越來越多。如 1704 年，東印度公司在中國購買上等好茶或武夷茶，每磅價格只有 2 先令，而運到英國銷售的價格則每磅達 16 先令。東印度公司從茶葉貿易中獲得的利潤，「在 1775—1785 年的 10 年裏，淨利接近 280 萬英鎊，為成本的 31%；下一個 10 年，獲利超過 586 萬英鎊，為成本的 31.6%；20 年的平均利潤是 430 萬英鎊，為總成本的 31.4%」。甚至有人說：「茶葉收入幾乎是東印度公司的全部利潤，甚至成為東印度公司存在的理由。」

與此同時，茶葉對於英國財政也至關重要。「英國政府從茶葉上

獲得的利潤幾乎和東印度公司獲得的一樣多」,「如果沒有中國的茶葉,英國工業革命的車輪便無法轉動」。茶葉貿易長時間以來一直是英國政府獲利最大的稅收來源。到 1784 年大規模下調茶葉稅前,茶稅竟高達 120%。據一英國商人自述:1710 年,清朝政府對茶葉徵收出口稅,每擔只有區區 0.2 兩白銀,133.3 磅(即一擔)的商品只收 16 便士的稅,而英國的進口稅為每磅 5 先令(合 120 便士)。1714—1721 年,英國政府從茶葉的貨物稅和關稅中獲得的總稅收接近 140 萬英鎊,平均每年 17 萬英鎊;到 1748—1759 年,相差不到 30 年,茶稅增加了兩倍,平均每年課稅 52 萬英鎊。拿破崙戰爭爆發後,英國為了增加財政收入以應付軍費開支,於 1819 年再次將茶稅提到茶價的 100%,並把這個稅率保持到了 1833 年。

可見,茶稅如同英國國庫的點金術,為英國經濟增添了重要的一筆。在東印度公司壟斷茶葉貿易的最後幾年,從中國來的茶葉帶給英國國庫的稅收平均每年占國庫總收入的十分之一左右。因此,茶葉被稱為「綠色黃金」。英國政府也滿意地宣佈:「政府的利益同(東印度)公司的利益是一致的。而且,政府已經找到一個容易的辦法,可獲取 80 萬英鎊到 90 萬英鎊的稅收,用來發展東方的殖民地及商業利益,同時還可保證其臣民的茶葉供應。」在倫敦成了世界茶市中心的同時,東印度公司的茶葉貿易也給另一項重要的英國殖民事業帶來了繁榮 —— 因為通常隨着每一小撮茶葉放入壺中,總要加上幾匙英屬西印度群島出產的蔗糖 —— 糖便和茶葉一同成為英國

兩種抽稅最高的物品。19 世紀初期，英國每年所收糖稅高達 450 萬英鎊。

當然，茶葉貿易不僅給東印度公司的商人和英國的國庫帶去了巨大的利潤，也給中國茶葉經營者帶來了巨大利潤。1701 年至 1736 年，每擔工夫茶的中國國內價格是 23～38 兩白銀，武夷茶 15～27 兩，白毫 24～38 兩，松蘿 16～22 兩，瓜片 24 兩多，最貴的貢熙細茶 54.9 兩，而道光初年的茶葉國內市場價每擔約合 3.7～15 兩，以此來計算東印度公司當時從廣州買到的茶葉，至少是國內市價的三倍甚至更高。廣東的「行商可以從經手交易的茶葉上，獲得平均每擔四至五兩的利潤。以每擔四兩來說，整個行商團體在 1784 年以前，每年可以從與英國公司的茶葉交易上獲取 32 萬兩銀子的利潤。1784 年至 1800 年間，每年的利潤約為 64 萬兩。1810 年以後則每年高達 96 萬兩。因此，單就與英國東印度公司交易茶葉而言，整個行商團體所能獲得的總利潤是相當可觀的」。當時最大的行商，怡和行的伍崇曜，在 1834 年擁有的財產估計有 2600 萬銀圓之巨，相當於清廷歲入之半。建在珠江岸邊的伍家豪宅，據說可與《紅樓夢》中的大觀園媲美。

## 鴉片戰爭背後的茶葉

就在英國的財政及國人的日常生活已經離不開茶葉的時候，英

國人突然發現自己面臨一個惱人的問題：如何來支付購買茶葉的費用？當時的歐洲產品在華並不吃香，英國輸入中國的商品僅棉花、洋布、鐘錶等少量產品，價值不抵中國輸出到英國商品的十分之一。18世紀的中國經濟建立在手工業與農業緊密結合的基礎上，發達的手工業和國內市場使中國在經濟上高度自給自足。就像多年之後主持中國海關總稅務司的英國人赫德總結的那樣：「中國有世界最好的糧食——大米，最好的飲料——茶，最好的衣物——棉、絲和皮毛，他們無需從別處購買一文錢的東西。」於是，英國人只能非常不情願地拿硬通貨——白銀——來交換茶葉。譬如1730年，英國東印度公司有5艘商船來華，共載白銀582112兩，貨物只值13711兩，白銀的比例居然高達97.7%。從1760年到1833年，英國輸入中國的白銀總計3358萬兩，其中至少80%是用於支付購買的中國茶葉。

當時主導西方經濟學的重商主義認為「在價值上，每年賣給外國的貨物必須比我們消費他們的為多」，也就是說本國金銀在增加就是好的，如果本國金銀在減少，經濟一定是糟糕的，這就是所謂「對外貿易中硬通貨（白銀）淨剩餘」原則。啟蒙時代的德國思想家赫爾德（1744—1803年）因此哀歎：「（中國）從商人（指歐洲商人）那裏獲得白銀，而交給商人成千上萬磅使人疲軟無力的茶葉，從而使歐洲衰敗。」而英國統治者憂心忡忡地看着綠油油的茶葉流進來，白花花的銀子流出去的局面，決心找到一種能夠用來大量輸入中國

市場的商品，用於平衡進口茶葉所帶來的巨額赤字。

「解決辦法終於在印度找到了。」為了改變逆差帶來的不利狀況，同時由於茶葉對英國極其重要——「如果沒有茶葉，工廠工人的粗劣飲食就不可能使他們頂着活下去」——在不損害茶葉貿易的條件下，英國人最終選擇了一種貨真價實的毒品：鴉片。將英國毛紡織品運往印度銷售，然後從印度購買鴉片，運來中國出售，最後從中國購買茶絲回英國，即「中國向英國出口茶絲，英國向印度出口毛紡織品，印度向中國出口鴉片」，使得鴉片作為享樂性的奢侈品，迅速在中國社會普及。

那是真正冰火兩重天的世界，在英國人喝茶養生的同時，中國人吃大煙自戕，正是英國東印度公司將這兩個世界聯結了起來——英國東印度公司專門成立了鴉片事務局，壟斷印度鴉片的生產和出口。鴉片從產地孟加拉沿海路運往廣東沿海，在伶仃島卸貨並換成硬通貨白銀，再由中國商人裝上平底大船走私上岸。英國東印度公司將鴉片的銷售收入用於支付購買茶葉的款項。經過近 50 年的時間，每年銷往中國的鴉片從 2000 箱遞增到 40000 箱。截止到林則徐禁煙時，輸入中國的鴉片價值約 2.42 億兩白銀——不但抵消了中國的茶葉出口，更迫使中國的白銀逆流英國。對此，英國人自己也直言不諱，「鴉片、金屬與製造品，是大不列顛對印度與中國進行國際貿易的手段，用來換取中國的茶葉與蠶絲，並且使這貿易均衡，有利於英國」。早在 1807 年，英屬印度的總督已經指示手下，原先各

地準備運往中國的白銀都改運加爾各答，因為東印度公司廣州監委會已有足夠財力應付交易：當年，從廣州運抵加爾各答的白銀達 243 萬兩。

中國並不是一個白銀富國，大量白銀的外流隨即引起國內的「銀荒」。道光初年，每兩白銀折換銅錢 1000 文，1838 年已經飆升到 1638 文。銀價高企只會導致用銅錢折算成白銀上繳田賦的廣大農民的實際稅負驟增，這對於一個農業帝國而言意味着什麼是不言而喻的。猖獗的鴉片走私貿易造成的「銀貴錢賤」，終於迫使清廷下定禁煙的決心，隨之引發了林則徐的「虎門銷煙」及大規模禁煙運動。這樣，已然形成的英國利益鏈條被打斷了。既然鴉片貿易提供了英屬印度政府七分之一的財政收入；既然鴉片能代替白銀，維持每年給英國政府提供 300 萬～400 萬英鎊財政收入的茶葉貿易；既然鴉片是英印中三角貿易的基石，英國人最終選擇了以戰爭暴力來恢復它 —— 這就是鴉片戰爭。

當時的一位善品茶葉的英國人威廉・格拉斯頓是這樣評述這場用武力強迫中國接受鴉片交換茶葉的戰爭的：「一場從一開始就是非正義的、不擇手段的，使英國人蒙受長久恥辱的戰爭……不列顛的旗幟從此成為保護無恥交通的海盜旗幟。」

這實在是茶葉的悲哀。

海上絲綢之路的奇幻之旅

# 大洋之上的「瓷器之路」

## 從陶器到瓷器

　　早在一萬年前的母系氏族公社時期，中國就有了原始陶器的生產。考古工作者在江蘇省南京市溧水區回峰山神仙洞，就發現了距今一萬年以上的泥質紅陶片。陶是什麼？陶的本質是泥土。原始社會製造陶器，開始是用手工捏造的方法製成一定器形，後來發展為將陶土搓成一樣的泥條，再把泥條盤成一定器形，將其內外用手抹平。到父系氏族社會階段，出現了輪作制。進入封建社會後，勞動人民又發明了模製法，即將陶泥填入模具中，脫出器物的全形。學術界認為，最原始的燒製方法是堆燒法，把曬乾的陶坯放在露天柴

草中燒。在六七千年前，中華先民已經開始使用燒製陶器。文物考古工作者根據陶器的顏色，把陶器分為紅陶、灰陶、彩陶、白陶、彩繪陶、黑陶和釉陶等系列。

陶器當然不是由一個地方發明而傳往世界各地的，它是各地人民在長期的生產實踐中，各自獨立地創造出來的。各國先民之所以都能獨立地創造出陶器，是因為先民掌握了火，幾乎各地都有燒製陶器的泥料，而陶器工藝簡單，燒成溫度低，便於普遍掌握。但當世界各國長期使用陶器時，只有中國的先民發明了瓷器，使得陶瓷製品成為中華文明的象徵之一。

瓷器的製作工藝是在製陶技術的基礎上發展而來的。1980年，在山西夏縣東下馮遺址，考古工作者發掘出土了一批殘片，屬於距今4000餘年的龍山文化晚期遺物。根據其「胎質堅硬細膩、表面施有薄釉、釉層不均勻、火候較高（燒成溫度達1200℃）」等特點，人們將它們叫作「原始青瓷」。與陶器相比，它們已具有耐高溫、易清潔、堅固耐用、不滲水的特點，在質地、外觀和使用上明顯地優越於陶器，故而一經出現，便博得當時人們的喜愛。2002年，考古工作者在河南偃師二里頭遺址發掘中，從一座貴族墓裏發現了一件形器，其表面就塗有一層薄薄的青綠釉。這也是迄今考古發現的年代最早的一件原始瓷器。之所以加「原始」二字，是因為它在燒成溫度、吸水率等方面與成熟的瓷器相比還有質的差別。在黃河流域、長江中下游流域的商周時期的墓葬中，也均有原始瓷器出土。

2004 年，在江蘇省無錫鴻山戰國早期越國貴族墓裏就出土了上千件原始青瓷禮樂器，可以說是一個驚人的發現。

但是，去掉青瓷的「原始」二字並不容易，中華先民在長期製陶過程中，不斷認識原材料的性能，總結燒成技術，積累豐富經驗，經歷長期探索，才在東漢時期（距今 1900 餘年）終於燒製出成熟的青瓷器與黑瓷，實現了陶轉化為瓷的偉大飛躍。這一時期，隨着煉鐵術的發展，在黃河、長江、珠江等流域出土的青瓷，燒成溫度已達 1300℃，燒結良好，不吸水性強，成品相當精緻。北京歷史博物館建館之初發掘河南信陽擂鼓台，曾發現東漢永元十一年（公元 99 年）青瓷盞、罍等器，胎骨堅實，釉色勻淨。這種早期青瓷，是西漢鄒陽《酒賦》中所說的綠瓷。

到三國兩晉南北朝時，中國的瓷器終於達到了「越瓷類玉」的效果。越窯青瓷代表當時青瓷的最高水平。越窯是中國歷史上最早的一個瓷窯，東漢已初具規模，經三國兩晉南北朝的初步發展，到唐代，越窯青瓷無論是在產量還是質量等方面，都有很大的發展和提高，當時的文人墨客紛紛吟詩作賦讚美。陸羽《茶經》說：「碗，越州（指浙江紹興）上，鼎州次，婺州次，嶽州次，壽州、洪州次。或者以邢州處越州上，殊為不然。若邢瓷類銀，越瓷類玉，邢不如越一也；若邢瓷類雪，則越瓷類冰，邢不如越二也。」由此看出，越窯生產的青釉瓷器具有獨特的色彩，當時受到人們的極大關注，被賦予很高的評價。

唐宋時期，瓷器比較普遍地達到了玉的意境。當時造瓷技術益見提高，如南方秋高氣爽，空氣濕度較小，宜於燒窯。陸龜蒙詩說「九秋風露越窯開，奪得千峰翠色來」，說的就是工人的寶貴經驗。宋朝窯爐也有革新。北宋龍泉的龍式窯依山而建，窯腔龐大，一窯可置墩 170 多排，每排容 1300 多件，估計一次可燒 20000～25000件。窯中部作弧形，可降低火焰流速，窯溫可全部利用，而成品釉色如一，無老嫩濃淡之異。

元明清以來，中國的製瓷工藝更是巧奪天工，彩釉加強了瓷器的玉質感，在瓷質的細密和光澤的晶瑩等方面，達到了精美絕倫的高度。宋元創造了青花瓷，明瓷即以此為主流。嘉靖十三年（1534年）造青花瓷 6160 件；廿年（1541 年）造 37300 件；廿三年（1544年）造 24400 件，又造桌器 1340 桌（每桌 27 件）；三十年（1551 年）造 11730 件；三十三年（1554 年）造 85030 件。數量、質量都有提高。明朝初期青花器色澤濃豔，帶有黑色結晶斑點，中期者藍色淡雅，後期者藍色濃翠，各具特色。清承明制，又有所創新。康熙年間，仿製銅胎畫成功燒製了琺琅彩瓷。雍正時期，琺琅彩瓷生產達到歷史的極盛階段。後人評雍正琺琅彩瓷有四絕：「質地之白，白如雪也，一絕也；薄如卵幕，口噓之而欲飛，映日或燈光照之，背面能辨正面之筆畫彩色，二絕也；以極精之顯微鏡窺之，花有露光，鮮豔纖細，蜓有茸毛且莖莖豎起，三絕也；小品而題極精之楷篆，各款細如蠅頭，四絕也。」劉錦藻《清朝續文獻通考》也說清朝瓷

器製造分十餘個工種，分工極細。這時成器，胎骨細潔堅致，白度精煉到 77.5% 的高度，釉色純淨瑩澈，彩色絢麗奪目，鑲嵌捏塑精巧。清朝可稱為封建社會瓷器手工業的黃金時期。

## 遙遠的航線

唐代陶瓷業的發展，最初主要是為了滿足國內市場的需要和作為貢品供皇室享用，並沒有開拓國際市場，進行對外貿易的意圖。隨着對外文化交流的日益密切，外國使臣、學問僧、留學生和商人紛紛前來中國，唐朝政府也曾多次向外派遣使節回訪，作為禮品帶去了唐三彩和許多精美的瓷器。外國留學生、僧人和商人受到中國人普遍使用瓷器的影響，首先成為中國瓷器的愛好者，回國時帶去大量瓷器，作為禮品贈送朋友和自己日用，因此他們也是中國瓷器向外輸出的傳播者。由於外國的需求量越來越大，禮品瓷已無法滿足，兼之唐朝瓷器不僅代替了銅器、漆器的使用，節省了鑄錢的原料，而且唐廷發現瓷器與茶又可向西北市易馬匹，以為軍用，對國計民生，兩有裨益，中國瓷器大規模出口的序幕遂由此揭開。當時的阿拉伯作家扎西茲（776—868 年）在他的《商務觀察》一書中，列舉了從中國運去的「多彩陶瓷」；地理學家伊本·法吉赫在其《地理志》中，也將絲綢、瓷器和燈列為中國的三大名產。9 世紀中葉的阿拉伯商人蘇萊曼經過海道來中國經商，並於公元 851 年（唐大

中五年）寫了一部《東遊記》，高度讚揚中國人能用陶土做成用品，並說當時的「漢府」（即廣州）有大量的陶瓷器待運。1973 年，泉州後諸港兩米多深處的海泥中發掘出一艘木製遠洋貨船，共有 13 個船艙，艙內裝有各種商貨，其中就有為數較多的宋代銅錢和瓷器。1976 年，朝鮮新安郡海域曾打撈出一艘中國元代沉船，該船大約是在公元 1310 年至 1325 年間從寧波出發經朝鮮駛往日本途中遇難。從船中撈得遺物 1.9 萬件，其中 1.67 萬件是中國的陶瓷，主要是青瓷，占總數的 57%，青白瓷占 28%，此外還有黑褐釉瓷等品種。

中國瓷器廣受世界各國歡迎的理由很多。一方面，亞非許多國家和地區在中國陶瓷器輸入之前「飲食不用器皿」，多以植物葉子作為食器。南宋《諸蕃志》介紹：登流眉國（今馬來半島）「飲食以葵葉為碗，不施匕箸，掬而食之」。蘇吉丹（今印尼爪哇島）「飲食不用器皿，緘樹葉以從事，食已則棄之」。渤泥國（今文萊）「無器皿，以竹編、貝多葉為器，食畢則棄之」。就連波斯（今伊朗）也只有其國王飲食才「盛以瓷器（這種瓷器也是從中國進口的），掬而啖之」。中國陶瓷器輸入亞非國家和地區以後，為這些國家和地區的人民提供了精良、衛生又實用的器皿，並使當地人民日常生活用器有了很大的改善。

另一方面，中國瓷器實在是物美價廉。元朝的馬可·波羅到福建參觀德化瓷器時說：「刺桐城（指泉州）附近有一別城，名稱迪雲州（指德化）。製造碗及瓷器，既多且美……購價甚賤。」「作各

種大小磁碟子，品質皆是可想象的那樣最美麗的⋯⋯由那裏分散到世界的各處。這裏製造很多，價極便宜，一個威尼斯格羅梭幣可以買三個碟子，並且皆是頂好的，比那再好是你所想不到的了。」

當時，中國陶瓷器陸運主要沿以下線路：北路出長安（今陝西西安），經蒙古到葉尼塞河和鄂畢河上游，往西可到額爾齊斯河流域以西；西北路出敦煌，沿絲綢之路一線到達中亞、西亞等地；西南路經蜀地，進入吐蕃，再到尼泊爾和印度；東北路從長安出營州，可抵朝鮮。陶瓷易於損碎，陸運不易，在長期的實踐中，商人們為使瓷器能經得起跋山涉水、路行萬里的顛簸，想出了一個辦法：他們把每件瓷器內部都裝上少量的泥沙和豆麥，按 10 個一組把瓷器疊擺捆紮，放在陽光充足的地方頻頻灑水，一段時間後，豆麥發芽生長，填充了瓷器內的空隙，纏繞膠固為一體。試投之以地，不破損者，即可裝運。雖然這樣可以保證瓷器無虞，但成本也非常高昂：如此包裝瓷器的價格比一般包裝要貴 10 倍。

但是瓷器畢竟比較笨重，又容易打破，單靠騾、馬、駱駝或人力長途運載，不僅數量有限，而且損耗很大，遠遠不如海上交通船載方便、安全。特別是唐宋以來，隨着中國東南沿海一些港口（如廣東的廣州、福建的泉州、浙江的寧波等）的開發和造船業的發展，海外交通十分發達，中國古代許多外銷瓷器就源源不斷地從這些港口，通過海上交通大量輸向國外。稱這條海上交通為「瓷器之路」是毫不為過的。譬如當時以生產外銷瓷器為主的長沙窯，其產品主

要是在銅官鎮碼頭上船，沿着湘江至嶽州，然後過洞庭入長江，抵達揚州，以揚州為主要中轉站。長沙窯瓷器上就有「借問舟輕重，附信到揚州」的詩句。然後再經京杭大運河到杭州，入曹娥江，由曹娥江轉入餘姚江到明州（寧波），跟越窯青瓷器一起向東運往新羅（朝鮮）和日本。或者，長沙窯產品從揚州向南入浙江，和越窯產品一起進入廣州，裝上出海巨舶。瓷器的商路或者從廣州、杭州、寧波等地出發到朝鮮和日本；或者「自泉州、廣州西南行，至占城，沿海岸西行，至真臘、羅斛，南航至吉蘭丹、彭坑、西竺向西航行，渡馬六甲海峽至蘇木都剌的南巫里（印尼蘇門答臘的哥打拉夜，今班達亞齊），自南巫里向北至白古（緬甸的勃固）、孟加拉，沿印度東海岸航行，向南渡海峽至僧伽耶山（斯里蘭卡）；自南巫里西航橫渡東印度洋，抵科倫坡，西航至俱蘭（今印度奎隆），沿印度西北海岸西北行經放拜（今印度孟買），直抵波斯灣的忽里模子（伊朗阿巴斯港附近）和波斯羅（伊拉克的巴士拉）」，隨後繞過阿拉伯半島抵達紅海，在埃及中轉後直達羅馬等地中海城市和東非沿岸。

## 世界瓷都

明清時期，中國陶瓷進入了彩瓷時代，達到了精美絕倫的境界，更成了人類共同喜愛的珍寶。由於當時世界聯繫日益密切，明清瓷器具有了真正意義上的世界影響，以前所未有的規模進入世界

市場，並成為新開闢的世界市場上頗具競爭力的商品。鄭和航海對於中國瓷器的輸出無疑具有巨大的推動作用。據鄭和隨從人員費信記載，中國瓷器在外國很受歡迎。另一隨員馬歡談到，爪哇「國人最喜中國青花瓷器」，又談到正德五年（1510年），鄭和船隊到達加爾各答時，曾見到一艘麥加船停在那裏，便派了七名使者去麥加，帶去的是「康香和瓷器」。由此可以肯定，鄭和航海所攜瓷器一定很多。國外有的研究者說：「鄭和遠航使中國瓷器與東非發生直接聯繫，使中國瓷器在海路沿岸國家得到普及，該是毋庸置疑的。」這種分析是很有道理的。從此以後，印度洋沿岸各國出現了許多中國瓷器的市場，15世紀以後海路終點一帶的東非之角索馬里就曾是一個廣大的中國陶瓷市場和集散地。甚至有人說，公元10世紀以後的坦噶尼喀地下埋藏的歷史，就是用中國瓷器寫成的。

在明清時期的瓷業發展中，最為引人注目的就是景德鎮的興起。《浮梁縣志》留下了關於景德鎮最早燒造陶瓷的記載：「新平冶陶，始於漢世。」早在宋代，景德鎮就由於瓷業繁盛，逐漸嶄露頭角。《景德鎮陶錄》卷五載：「景德窯，宋景德年間燒造。土白壤而埴，質薄膩，色滋潤。真宗命進御瓷，器底書‘景德年製’四字，其器尤光致茂美，當時則效，著行海內。於是天下咸稱景德鎮瓷器，而昌南之名逐微。」明清之際，景德鎮已是一個「二十里街半窯戶」，「人口近百萬，窯約三千，晝間白煙掩蓋天空，夜則紅焰燒天」的重要城市，成為舉世聞名的製瓷中心。

發展至明清時期的景德鎮瓷器，以高嶺土和瓷石作胎，以釉石摻入釉灰作釉，在釉下或釉上施以彩繪或不施任何彩飾，入窯燒製而成。舉世聞名的高嶺土在明代嘉靖之前叫作「麻倉土」，是元代的景德鎮陶工在景德鎮附近的麻倉山找到的優質製瓷原料，並以之與瓷石結合，開創性地形成瓷石的「二元配方」。這一創舉提高了景德鎮瓷器的致密度和硬度，使景德鎮製瓷業在原料上比全國其他製瓷區更勝一籌。正因為高嶺土的發現和介入，瓷胎中更容易形成玻璃相，燒成的瓷器質地更加細膩，透明度更高。將外壁纖薄的盤或杯移向有光處，可以看到另一邊的手的影子，這種瓷器最受國外市場的追捧。二元配方提高了瓷器的燒成溫度，使泥料更加適宜成型和加工，成品更不容易變形，為明代景德鎮陶工給西亞、非洲和阿拉伯國家燒造直徑超過 50 厘米的大盤及其他大件器物奠定了工藝基礎。「高嶺土」一詞也因此成為高品質瓷土的代名詞而譽滿全球。

　　宋應星的《天工開物》中記錄，景德鎮瓷器「共計一坯之力，過手七十二，方克成器」。過手七十二，共有三十六道工序，在明清時期來說，如此分工細緻的流水作業線是非常先進的。17 世紀的一個西洋傳教士殷弘緒看到如此場面後在信中寫道：「看到這些器皿如此快速地經過如此多人之手，真是令人驚奇。」事實上，當時的景德鎮是當之無愧的「世界瓷都」，它之所以掌控全球瓷器市場，不僅僅因為產品精良，也因為生產規模與組織先進；它代表了在蒸汽機器年代到來之前，手工藝產業的最高峰，大規模集中生產最壯盛的

成就。殷弘緒筆下的景德鎮夜間景象（「全城猶如一座熊熊燃燒的巨爐」）並不只是幻象錯覺，而是如實反映每日生產運作的真實景象。

從明代中期開始，景德鎮的瓷器幾乎佔據了全國的主要市場，進而佔領海外大部分市場。16世紀後期葡萄牙人非法佔據澳門後，澳門成為中西貿易的中心。中國（景德鎮）瓷器由葡萄牙人少量地帶往歐洲。那時中國瓷器的價格是極為昂貴的，葡萄牙人因此獲取了巨大利潤。據估計，荷蘭、葡萄牙商人最早販運瓷器到歐洲時，瓷器的賣價幾乎與黃金等價。一個瓷盤運到歐洲銷售，利潤至少是成本的10倍。由於中國瓷器的獨一無二，歐洲國家的國王先後以擁有中國瓷器為榮，最先是葡萄牙國王，其次是西班牙國王，之後擴展到各國國王，隨後豪門富商也仿效國王建造收藏中國瓷器的展室。隨着歐洲資本主義工業的發展，歐洲成為世界富裕的中心，中產階級也有能力擁有中國瓷器。17世紀西歐的繪畫中，特別是荷蘭的生活畫上，中國外銷青花瓷盤、碗、果碟、酒杯、酒壺、軍持等經常出現。

據國外有關檔案的統計，從荷蘭東印度公司建立到康熙三十四年（1602—1695年）販運到歐洲的中國瓷器約2000萬件，包括明清時期的青花、五彩及廣彩瓷器；從萬曆三十二年到順治十三年（1604—1656年）銷到荷蘭的瓷器達300萬件，平均每年6萬件；雍正十二年（1734年）一年銷到荷蘭40萬件中國瓷器。往歐洲銷售瓷器的除荷蘭東印度公司外，還有英國東印度公司和法國東印度公

司。雍正十二年運到法國的瓷器有 68000 件，乾隆三十九年（1774年）運到英國的瓷器約 40 萬件，乾隆十五至四十六年（1750—1781 年）的三十二年間運往瑞典的瓷器達 110 萬件。粗略估計，明末清初這一段時期，景德鎮平均每年輸入歐洲、美洲等世界各地的瓷器不下 100 萬件，景德鎮可稱得上是名副其實的世界製瓷中心了。

## 歐洲的「China style」

與瓷器生產的興盛狀況形成對照的是，當時中國絲綢製造業要遜色得多。例如，明代的絲綢官手工業這時已呈衰微。宣德五年（1430 年），河南布政使魏源上奏：「本司織染局歲造緞匹，皆用所屬府州縣人民稅絲。自永樂二十二年至宣德四年，因民逃徙，逋負稅絲二萬二千五百二十兩，逐至絟絲五百六十三匹未納。」明英宗繼位之初，曾指斥工部「近年以來，徒見靡費民物，而緞匹多不堪用」。這說明絲織業的不景氣，而這又勢必影響到絲綢的輸出。相反，有材料表明瓷器官手工業則是上升的，因而也就促進了瓷器的輸出。

其實，當時的歐洲人到中國來經商，並不僅僅只是為了購買瓷器，他們之所以特別喜歡載送和購買瓷器，是因為瓷器既重又不透水，是最實用的壓艙貨，可提高船隻在波濤洶湧的大海中的穩定度。1672 年，英國東印度公司駐越南代表回報倫敦總部：「此地以

粗瓷壓艙，極有道理」，全都是運往菲律賓、泰國的現成船貨。瓷器不僅可以壓艙，還可以和其他的貨物混裝，如「各式有用的中國瓷器，特別是盤碟之類，可以裝得很緊密。再買一些大中小各種尺寸的碗、大到可以種橘子樹的中國大花盆、種小樹小花的小盆……你買來的任何中國容器，都把它們裝滿西穀、米、椰子、澱粉或其他利潤更好的貨品」。其實瓷器不僅可以和各種食物混裝，尤其重要的是，其可以跟茶葉混裝。如荷蘭和英國的東印度公司都用鉛襯的箱櫃運茶以保新鮮，再把茶箱放在裝瓷的條板箱上。瓷器可保茶葉乾燥，茶葉則能夠減震緩衝以降低瓷器的破損率。由於瓷器有如此種種與其他貨物混裝的優點，所以幾乎所有來中國經商的船隻都會購買一些美麗的各色瓷器。

17 世紀末 18 世紀初，是中國貨在歐洲最為風靡的時期，那時在歐洲刮起了一股「中國風」。人們把中國看作是最為時尚的國度，既神祕又令人神往。這時，歐洲人不但着迷於中國產的物品，就連建築也常常模仿中國風格。歐洲許多國家都有這種仿中國建築屹立在花園中。在瑞典斯德哥爾摩的皇后島上，就有一片仿中國建築的宮殿群，這個建築群被當地人稱為「中國宮」。因為王后十分喜愛與中國有關的東西，國王為了討得愛妻的歡心，特意為她建造了這片宮殿。許多從中國運來的瓷器、漆器、絲綢等工藝品陳設在這片宮殿裏。瓷器在歐洲被看作是「白色的金子」，人們為能擁有中國瓷器而備感驕傲和自豪。在當時的歐洲，擁有中國瓷器是權貴的象徵。

據說法國的「太陽王」路易十四曾下令掀起一場日用品革命，將原有銀器用具廢棄，改用中國瓷器，從此使用中國瓷器的風氣更普及到民間。在英語裏，中國與瓷器是同一個單詞（china），足見在早期西方人眼裏，兩者的聯繫是多麼緊密。

實際上，早在中世紀時期，阿拉伯人就在仿製中國瓷器，但是一直沒有成功。究其原因，他們在兩個關鍵點上沒有掌握燒製瓷器的方法：其一，沒有找到白瓷生產的原料——高嶺土、長石；其二，窯溫沒有達到 1200℃。阿拉伯人在中世紀只有豎式窯爐，窯內溫度無法提高到 1100℃，而中國瓷窯普遍採用橫式窯爐，窯溫在 1200℃以上。由於阿拉伯人當時沒有掌握中國瓷器的製造方法，只能生產陶器。中世紀，歐洲人仍處在模仿阿拉伯人生產陶器的狀態，當然也就無法從阿拉伯人那兒學到瓷器的製造方法了。直到 1470 年左右（明成化年間），意大利威尼斯煉金術工人安托尼俄等從阿拉伯人處學習了中國製瓷術，造出青花軟瓷，當時被稱為「阿拉伯的藍色瓷器」，而那時歐洲所需要的瓷器仍依賴中國。直到 18 世紀初葉，德國人製造出真正的瓷器——硬瓷，之後推廣至法國、瑞典、英國、俄國、西班牙等地，歐洲才算有了自製的瓷器。

儘管如此，這時的景德鎮瓷業仍具有領先的生產技術，深厚的藝術底蘊，資源豐富，生產量巨大。中國瓷器價廉物美，在世界市場上是最受歡迎的商品。西方國家一方面大量進口中國瓷器，一方面出於限制白銀外流的考慮，又宣傳不要購買中國瓷器。當時英國

有一首詩歌是這樣的：「為什麼把錢往海外拋擲，去討好變化無常的商賈？再也不要到中國去買 china，這裏有的是英國瓷器。」然而，英國生產的瓷器在手工業階段無論質量、數量還是價格都無法與景德鎮瓷器競爭，英國消費者仍然願意大量買進中國（景德鎮）瓷器。

　　直至 18 世紀後期，隨着德國邁森、法國里摩日、荷蘭代爾夫特及英國斯坦福德郡等地諸瓷廠的建立，歐洲的製瓷技術發展迅速。隨着蒸汽機的廣泛運用，陶瓷工業也由原來的手工作業改為機器生產，由原來的與景德鎮不可比，一躍而在數量、價格、花色品種上超過了景德鎮。最終，在 19 世紀初期，歐洲瓷器開始逐漸取代來自中國的傳統產品。在鴉片戰爭前夕的 1834 年，美國的傳教士衞三畏所寫的《廣州的主要進出口商品》中有這樣的記載：「瓷器，這種貨物現在出口很少。當東方產品最初繞過好望角被運往歐洲時，中國瓷器價格很高，船靠它獲得巨額利潤。但它的製造方法已被查明，歐洲國家開始製造並很快與中國瓷器展開競爭。中國瓷器是成套賣出的，一套 270 件的餐具價值 12 至 75 兩，一套 20 件的早餐用具價值 3 兩，一套 101 件的大型茶具價值 11 至 13 兩，49 件的小型茶具價值 5 至 6 兩。中國人還製造各式各樣的花盆、花瓶、罐子、水果簍和餐桌裝飾品等。」通過這段話已經可以看出，在清代道光年間，中國的瓷器已經失去了世界市場，瓷器出口的利潤已經變得十分微薄了。

# 第四章

# 海商？海盜？
# 致先驅者

## 鄭和下西洋
# 海上絲路的巔峰時刻

## 前所未有的遠航

15 世紀是世界進入大航海時代的海洋世紀，東西方海上交通發展迅速，先後出現了三大航海活動，這就是：公元 1405—1433 年中國偉大航海家鄭和七下西洋的遠航，公元 1492 年哥倫布發現美洲新大陸和公元 1498 年達·伽馬開闢了東方新航路。在時間上，鄭和的遠航幾乎要比西方的同行早將近一個世紀，從永樂三年（1405 年）至宣德八年（1433 年）的 28 年間，太監鄭和奉明廷之命率領船隊七次出使其他國家和地區。這七次航海過程中，鄭和從南京下關寶船廠出發，沿着江、浙、閩、粵的海岸南下再西行，訪問了亞非沿

岸 30 多個國家和地區，最遠甚至到達了非洲東岸。正如英國的李約瑟在《中國科學技術史》裏所寫的那樣：15 世紀上半葉，在地球的東方，從波濤萬頃的中國海面，直到非洲東岸的遼闊海域，呈現出一幅中國人在海上稱雄的圖景。

　　1405 年 7 月 11 日，這是中華民族值得紀念的日子。集結在萬里長江出口劉家港的一支龐大船隊，在明朝欽差正使太監鄭和的統率下揚帆起航，從瀏河口進入長江口，然後浩浩蕩蕩駛入大海。鄭和之第一次下洋，首至占城（今越南中南部），自舊港過滿剌加（今馬六甲），向西到蘇門答臘。鄭和時代所謂的「東洋」、「西洋」的交匯處即在此一帶，是聯繫亞、非、歐、大洋洲之間的海上航線必經之地。馬六甲海峽介於馬來半島與蘇門答臘島之間，是這一地帶的重要咽喉。該海峽西北稍寬，東南部較窄，包括新加坡海峽在內，全長約 1000 公里，最窄處 37 公里，能通航 20 萬噸級巨舶。海峽內風平浪靜，海流緩慢，潮差較小，不但極適合古代木帆船安全航行，即使今天的大遠洋輪船，凡航行於太平洋西岸與南亞、西亞、非洲、歐洲各國，都樂意走此捷徑。若繞印尼望加錫海峽而行，則要增加航程達 2000 公里，延長了航期，增加了航行成本。鄭和的艦隊繼續航行進入印度洋（「西洋」），經翠蘭嶼、錫蘭山，繼向西北，到小葛蘭、柯枝、古里方才返航。這次航海的船隊以大宗寶船為核心，只是遣小宗船隊訪問周邊地區。1407 年 6、7 月間船隊回國時，帶來了爪哇、滿剌加、阿魯、蘇門答剌、小葛蘭、古里

等國的貢使。

第二次下洋是 1407 年年底起航，航路與第一次基本相同，船隊帶去皇帝的詔諭和賞賜，帶回了珍寶異石、珍禽異獸無數。值得一提的是，船隊在返程其間訪問了暹羅（今泰國），並將渤泥（今文萊）國國王帶回了中國。

第三次下洋的情況，比前兩次更加急迫。詔書下達的時候，鄭和仍然在海上航行。按季風情況，其應當於 1409 年 6 月返國。然而當年 9 月，鄭和再次掛帆遠航。這次下洋的規模十分宏大，雖然航路變化不大，船隊卻在沿途訪問了更多的國家和地區。此時，明帝國的船隊也開始肅清海道的行動，「海道由是而清寧，番人賴之以安業」。

第四次下洋的使命，包括出訪印度洋以西的海外國家。1413年底季風一到，鄭和的大宗寶船沿舊航路到古里後，渡過了阿拉伯海，停靠波斯灣口。而小宗船隊則已自蘇門答剌出航，然後一直向西橫渡了印度洋海域，期間訪問了馬爾代夫群島和東非海岸的木骨都束、不剌哇、麻林；向北則再次過阿拉伯海，抵達阿丹、剌撒、祖法兒，自阿丹再分宗進入紅海，訪問天方國、默伽等國。

第五次下洋航路不同，先歷西洋諸國，返航途中歷經了占城、滿剌加、爪哇、舊港、蘇門答剌、錫蘭山、古里、柯枝、溜山、忽魯謨斯、阿丹、木骨都束、麻林等 20 多國；再通東南諸蕃，訪問渤泥、蘇祿、呂宋等國。其中，蘇祿（今菲律賓南部）國王巴都葛叭

答剌率 340 餘人的龐大使團來華朝貢，並最終永遠留在了這裏。永樂皇帝為示恩撫，特意為他在山東德州建造了奢華的陵墓。

第六次下洋在 1421 年。永樂十九年正月三十日（1421 年 3 月 3 日）出發，往榜葛剌（今孟加拉）。但史載「官舟遭大風，掀翻欲溺，舟中喧泣，急叩神求佑，言未畢⋯⋯風恬浪靜」，中道返回。第二年八月十八（1422 年 9 月 2 日），即回國。

第七次下洋，則是八年以後的事情了。永樂皇帝故去，仁宗朱高熾登基以後，立即詔令停止下西洋活動。在 1422 至 1430 年間，鄭和及下洋的將士共同守備南京。一直到宣宗即位，由於追憶當年永樂帝時期「萬方玉帛風雲會，一統山河日月明」的景況，才再次派遣鄭和出使西洋各國。這次航程基本上與第三、四次相同，歷時有三年之久。行前有一插曲：鄭和在江蘇太倉、福建長樂、湄洲島等地大祭天妃宮，並樹碑立傳。此舉不僅是為祈禱平安，更是對過往航海活動的紀念和追思。

近 30 年間，這種極為壯觀的遠航，充分證明了鄭和的明朝船隊是當時世界上最強大的海上力量，達到了古代航海史上的巔峰。鄭和船隊七下西洋，每次航行所需的人員和裝備數量不一，但大體維持在人數 2 萬以上，艦船 100～200 艘。以第一次下西洋的艦隊為例，共有各型艦船 208 艘，其中有大型寶船 62 艘。船隊共有官兵 27800 餘人，其中大多是從直隸和南京的衛所抽調而來。對於這支當時世界上最大的船隊，美國海洋歷史學家路易斯‧瓦塞斯在《中

國稱雄海洋的時代》一書中給予了如下評價：「鄭和七次遠航印度洋的帝國艦隊是世界海洋歷史上一支舉世無雙的艦隊，直到 20 世紀初第一次世界大戰的無畏艦隊在海上出現之前，沒有任何艦隊可以與之相匹敵。從官兵數量和組成、艦船種類、武器裝備性能等方面的研究發現，這支艦隊完全是按照海上巡航和作戰需求精心編組的，堪稱是一支實力雄厚、裝備精良的海上勁旅。」

## 傲人的技術

支撐着這支前所未有的強大船隊的是明朝當時傲人的造船和航海技術。遠航中的鄭和船隊艦船大體上可分為三個檔次。一是大型艦船，主要是大、中號寶船，有桅帆，排水量接近或超過萬噸。二是中型艦船，主要是二千料、一千五百料海船，有桅帆，船頭兩邊有對用來劃水的大櫓，船長 15 至 20 丈，即 50 至 70 米，排水量接近或超過千噸。三是小型艦船，主要是八櫓槳帆船等，一般採用三桅三帆三櫓，有風使帆，無風操櫓，船長七至十丈，即 20 至 30 米，排水量達到一二百噸。相比之下，日後達・伽馬率領的葡萄牙艦隊只有 4 艘 3 桅帆船，其中最大的一艘載重量才 120 噸，全船隊人員也只有 170 人，平均每船隻有約 42 人。鄭和船隊的噸位要比他的大 90 倍，人員要比他的多 150 倍。至於哥倫布的艦隊，出航時只有 88 人，分乘三只帆船，其中最大的一艘「聖瑪利亞」號載重量也

只有 250 噸。有人曾戲謔地說，如果時間、空間能互通，使哥倫布的艦隊與鄭和船隊相遇的話，那麼這位鼎鼎大名的航海家（指哥倫布）定會異常震驚，自感無法比擬。

鄭和船隊的航海技術主要被記錄在《鄭和航海圖》中。這是一本反映明初航海技術的「百科全書」。它不但是中國歷史上流傳至今的最早的遠洋航海用圖，而且比世界上第一部航海圖集早 100 多年。中國北宋雖有《宣和奉使高麗圖經》，南宋有《諸蕃圖》，元末又有《海道指南圖》，但都還只是原始類型的近海航海圖，尚未涉及遠洋海上航路，而《鄭和航海圖》既有近海又有遠洋，比以往海圖有了很大改進和發展，具有海域廣、航線長的特點。其範圍起自中國長江下游的東海之濱，航線遍及廣大的西太平洋與印度洋的亞非海岸。圖中繪記了 530 多個地名，大大超過了元人汪大淵在《島夷志略》中所記的地名。與此同時，鄭和船隊在遠海及大洋航行時由於遠離海岸，無法對景定位；除根據航向船速計算航程來定位外，主要採用天文導航，開始使用「牽星板」測天體高度，以星體為航行中定向兼定位的目標。在航行印度洋的過程中，還利用四幅「過洋牽星」圖以觀察天體的高度變化，進行導航。這體現出鄭和遠航在天文觀察技術上，比宋元時又有了新的突破。為保證對整個船隊進行有效及時的指揮和調度，鄭和還建立了完善的通信聯絡體系，船上配有交通艇、旗幟、音響信號等裝備。船隊「晝行認旗幟，夜行認燈籠，務在前後相繼，左右相挽，不致疏虞」。白天以約定方式

懸掛和揮舞各色旗帶，組成相應旗語；夜晚以燈籠反映航行時情況；遇到能見度差的霧天雨天，配以銅鑼聯絡。

在軍事上，鄭和船隊配備了當時世界最先進的武器裝備。中國在宋代之前是冷兵器時代，從北宋開始到清代中葉，是冷兵器和熱兵器並存的時代。明初，火器的發展在中國歷史上是空前的，不僅種類多，質量也不斷提高，使冷熱兵器在軍事裝備中的比例發生了重大變化。鄭和船隊裝備了先進的大型火炮與可靈活操作的小型火炮。噴筒是另一種頗有特色的兵器，用於攻守城寨和水戰，火焰可遠達數十丈。除此之外，鄭和的船隊軍械庫裏還有火箭、火炮、煙罐、灰罐、弩箭、藥弩、火磚、鈎鐮、過船釘槍、標槍等武器。尤其是使用了新兵器「賽星飛」，這是世界兵器史關於水雷雛形的最早記載。

特別值得注意的是，鄭和率領龐大船隊七下西洋，每次航行長達兩到三年，人數多達兩萬七八千人，如此龐大的隊伍卻不曾面對哥倫布、麥哲倫船隊曾遭遇的壞血症的威脅。這是因為鄭和的船隊專門配備了用於裝載糧食和副食品，保證艦隊遠航期間的供給的糧船和水船。如按 27000 人兩年的口糧計算，共需糧食 30 萬石（每石 60 千克），每艘糧船載 2 萬石，船隊至少需要 15 艘糧船。同樣，以人均每天正常所需 2～3 千克淡水計算，艦隊至少要配備 20～30 艘水船。在遠洋艦隊中配置專用的運水船，是鄭和船隊以及明代造船業一項了不起的創舉。

鄭和船隊出海之後，除了庫存食物，水產類可就地捕釣，並在船艙中以活水養殖；家禽類可在船上畜養；蔬菜亦可在船上栽種。早在 14 世紀上半葉，北非旅行家伊本‧白圖泰在《遊記》中描寫了當時往來印度洋的中國船隻，其船員常在木盆中栽種蔬菜、生薑，以供日常食用。由於中國人傳統的飲食習慣，蔬菜水果在鄭和船隊的食譜上佔有十分重要的地位，依類別歸納有兩大類：一類是瓜類（冬瓜、黃瓜、菜瓜、小瓜、葫蘆）、茄子、蘿蔔、胡蘿蔔等，這些都是耐存放的菜蔬，是帶上船的主要蔬菜；另一類為蔥、薑、蒜、胡薑、韭、薤等辛香菜類，是用於調味或烹調用的佐料。各式各樣的蔬果提供了豐富的維生素 C，預防了災難性的壞血病的暴發。與之形成鮮明對照的是，一個世紀之後的 1519 年，葡萄牙航海家麥哲倫率領遠洋船隊從歐洲向太平洋進發。由於長途航行沒蔬菜吃導致的維生素缺乏，三個月後，有的船員牙床破了，有的船員流鼻血，有的船員渾身無力，待船隻抵岸，原來的 200 多人，活下來的只有 35 人。

　　當然，鄭和船隊船上的產量畢竟有限，大量的新鮮蔬果、肉類及飲用水，勢必待上岸時補給，尤其是不可或缺的淡水。正如鞏珍在《西洋番國志》的自序中所述：「缺其食飲，則勞困弗勝。況海水鹵鹹，不可入口，皆於附近川澤及濱海港汊，汲取淡水。水船載運，積貯倉，以備用度，斯乃至急之務，不可暫弛。」

## 朝貢貿易的巔峰

這樣一支強大的船隊，如果真的以戰為業，在海外征戰，那麼，從西太平洋到印度洋地區，還會有一片淨土嗎？然而，鄭和在近三十年中七下西洋，所進行的軍事行動僅有區區三次。

第一次下西洋時，正逢廣東逃犯陳祖義亡命海外，他佔據通往西洋諸國海上交通要道的舊港，充當海盜，劫奪商旅，劫持來華貢使。1406 年，鄭和船隊進駐舊港海口，陳祖義表面上願受招安，「而潛謀發兵邀劫」。在舊港海面一場大海戰中，鄭和舟師一舉殲滅陳部5000 餘人，生擒陳祖義等 3 人，押回國內。陳祖義部被殲，三佛齊（舊港）一帶平定，明朝在舊港故地設立舊港宣慰使司，填補了當地的權力真空，舊港遂成為鄭和設置在海外的一個大型補給站，為龐大的船隊提供後勤支援。

在第三次西洋之行的歸國途中，鄭和使團在錫蘭山國（今斯里蘭卡）遇到麻煩，在被迫進行的自衛作戰中奇兵破敵，全身而退。史書中對這次行動有詳細記載：「（鄭）和等初使諸番，至錫蘭山，（錫蘭國王）亞烈苦奈兒侮慢不敬，欲害和，和覺而去。亞烈苦奈兒又不輯睦鄰國，屢邀劫其往來使臣，諸番皆苦之。及和歸，復經錫蘭山，遂誘和至國中，令其子納顏索金銀寶物，不與，潛發番兵五萬餘劫和舟，而伐木拒險，絕和歸路，使不得相援。和等覺之，即擁眾回船，路已阻絕。和語其下曰：'賊大眾既出，國中必虛，且謂

我客軍孤怯，不能有為，出其不意攻之，可以得志。」乃潛令人由他道至船，俾官軍盡死力拒之，而躬率所領兵二千餘，由間道急攻王城，破之，生擒亞烈苦奈兒並家屬、頭目。番軍復圍城，交戰數合，和大敗之，遂以歸。」「群臣請誅之，上憫其愚無知，命釋之，給與衣食，命禮部議擇其屬之賢者立為王，以承國祀。」

第四次出使西洋回國途中，鄭和在蘇門答剌國（今屬印度尼西亞）不慎牽連進該國內爭，在受到攻擊的情況下被迫應戰。史載，「（鄭）和奉使至蘇門答剌，賜其王宰奴里阿必丁彩幣等物。蘇干剌乃前偽王弟，方謀弒宰奴里阿必丁以奪其位，且怒使臣賜不及己，領兵數萬邀殺（明朝）官軍。（鄭）和率眾及其國兵與戰，蘇干剌敗走，（明軍）追至喃渤利國，並其妻子俘以歸」，明成祖「遂命刑部按法誅之」。

除此之外，這支「無敵艦隊」的主旋律是「和平之旅」。鄭和船隊每到一國，必先傳達明朝皇帝的安撫詔書，進行冊封，開展貿易往來等友好活動。這些活動冰釋了當地統治者和人民的疑慮，贏得了他們對中國的嚮往與信任。一如 2001 年美國的《國際先驅論壇報》發表文章評價的那樣：「鄭和為了尋求貿易和資訊而進行的海上航行，與後來以征服為目的的歐洲帝國航海形成了鮮明的對比。」

正是由於鄭和下西洋的推動，永樂年間出現了「四方賓服，受朝命而入貢者殆三十國。幅員之廣，遠邁漢唐」的盛況。如永樂五年（1407 年）九月，鄭和第二次下西洋回返時，遣使隨行來朝貢方

物的就有蘇門答剌、古里、滿剌加、小葛蘭、阿魯等國；永樂二十年（1422年）六月，鄭和第六次下西洋返航時，亦有暹羅、蘇門答剌、阿丹等國遣使隨行來貢方物；翌年九月，又有西洋、古里、忽魯謨斯、錫蘭山、阿丹、祖法兒、剌撒、不剌哇、木骨都束、柯枝、加異勒、溜山、南渤泥、蘇門答剌、阿魯、滿剌加等16國遣使至京朝貢方物。東南亞使臣入明朝貢的次數很多，規模也很大。如永樂九年（1411年）七月，滿剌加國王率使團540人來華朝貢；永樂二十年（1424年），以南渤泥、蘇門答剌、阿魯、滿剌加等東南亞國家為首的16國遣使1200人至京朝貢方物，以致「諸番使臣充斥於廷」。僅從永樂到宣德的30年間，東南亞國家使臣來華達萬餘人之多。據統計，自洪武二年（1369年）開始有貢使來華，到朱元璋去世的31年間，共有使節來華183次。自永樂元年（1403年）至明成祖去世的21年間，共有使節來華318次。洪武朝平均每年6次，而永樂朝平均每年達15次之多。永樂一朝，有46個國家和地區由海路前來朝貢，共計239次，其中渤泥、滿剌加、蘇祿、古麻剌朗四國的11位國王來過中國。這樣的曠世盛景，在中外關係史中，也是史無前例的，足見明朝的朝貢貿易達到了歷史上的鼎盛。

　　另一方面，西洋諸國對明朝出產的陶瓷、絲綢、錢幣等都極喜愛，鄭和利用下西洋之官船，載運這些貨品到海外，在返程中，鄭和官船又購買或交換一些中國所緊缺的香料、染料、寶石、象牙和珍禽異獸等。事實上，鄭和下西洋所購買的物品，除了少數的奢侈

品和奇珍異寶之外，大多是中國市場所需的香料。明宮用香的名目與數量甚至超過前代，為了方便對香料日常用度的管理，當局在宮中專門設了司香的職位，其官至正七品或正八品，專門負責皇宮祭祀、皇親貴族出行時的用香。古代天然香料資源有限，有些甚至非常名貴，而鄭和船隊所到達的東南亞、印度洋沿岸、東非諸國恰恰均是香料產地，如印尼馬魯古群島即稱「香料群島」，索馬里素以「香料之角」著稱，西亞、紅海、波斯灣一帶則是古代聞名於世的盛產香料之地，有的更是某一種香料的特產地。故而史書上記載：「西洋交易，多用廣貨易回胡椒等物，其貴細者往往滿舶，若暹羅產蘇木、地悶產檀香，其餘香貨各國皆有之。」為了保證國家對香料的壟斷經營，明朝廷在各重要的沿海港口設置專門管理香料貿易的市舶司，規定民間不准私自買賣香料，如有違規，則要受到重罰。

## 戛然而止的遺憾

然而，在鄭和船隊「耀兵異域，示中國富強」的時候，它不僅沒有如同歐洲的航海工程一樣給自己的母國帶來巨額財富，反而成了明朝經濟上的一個無底洞。鄭和下西洋的船隊是當時世界上規模最大的，前後 7 次遠航，每次有大小船隻 200 餘艘，且每次往返都要進行修理。打造和維修這樣龐大船隊的費用，據記載要動員「天下一十三省的錢糧」才夠應用。這支船隊遍訪亞非 30 餘國，帶去

大量金銀、銅錢、寶鈔和絲綢、瓷器等大量的物資，為了「萬國順服」，不惜作為賞賜各國首領或重賞使臣的無償賞賜品。這一開支也甚可觀，據記載，光是白銀一項，10 年間就花費了 600 萬兩，其他的賞賜品還不計算在內。另外，還要對下西洋船隊中的 2 萬餘官兵給予大量的賞賜和慰勞品。據《明成祖實錄》卷七八記載，以第三次（1409—1411 年）下西洋為例，按等級賞賜船隊官兵大量彩帛錦綺等實物外，還賞每人寶鈔 10 錠，光是寶鈔一項，一次總數就達 20 餘萬錠。

鄭和船隊還攜帶大量銅錢出國收購蕃貨，致使銅錢大量外流，造成國內「錢荒」。當時鄒緝曾指責說：「遣內官齎往外蕃及西北買馬，收貨所常數十萬，而所取曾不及一二……且錢出外國，自昔有禁，今乃竭天下之所有以與之，可謂失其宜矣。」可見多次下西洋開支浩繁，消耗了大量國庫儲備，也引起了寶鈔貶值。明初，自洪武八年（1375 年）發行大明寶鈔，不久就貶值，又因鄭和七下西洋開支驟增，更大量印發鈔票，至宣德八年（1433 年），物價比洪武九年上漲了將近 330 倍，鈔票形同廢紙，於是民間拒不用鈔，專以金銀、實物做交易。大明寶鈔原為明朝賞賜朝貢者的主要賞賜品之一，原來在國外信譽卓著，據《明史‧食貨志》記載：「大明寶鈔，華夷諸國，莫不奉行。」後寶鈔不斷貶值以致外蕃來貢用寶鈔償付隨貢物品時竟遭拒絕。至此，明政府不但失去朝貢貿易的一個重要手段，而且也失去了「永樂盛世」時的信譽，甚至朝貢貿易本身最

後也成為明廷的一個沉重的經濟負擔。為了「懷柔遠人」，明廷不但免抽關稅，而且還賤賣貴買，要付出高於市價數倍的價錢來收買隨貢貨物，或付出大量的無償賞賜，最後居然出現了進口香料泛濫成災，朝廷府庫卻空虛到百官的工資發不出來的滑稽場面。明成祖後期，官員們的工資除了春夏兩季能領到鈔票外，秋冬都只能領取胡椒、蘇木。胡椒、蘇木成為另類「代價工資券」，一直使用了40多年，直到成化七年（1471 年），因庫存耗盡才告停止。而海外進貢諸國不但由明廷承擔來訪使節的食宿費用，而且還在不等價交換的朝貢貿易中賺得盆滿鉢滿。鄭和下西洋一個世紀後，來華的日本使節留下的記錄中提及，大明朝廷提供「使臣共壹拾五員，每員每日米五升、肉捌兩、油肆兩、鹽肆兩、醬肆兩、醋肆兩、茶四兩、酒三斤、筍三斤、羅蔔三斤、花椒四兩、燭六枚、柴三拾斤、炭六斤」。甚至隨行的商人，到達中國後的一切開支也不必自行負擔；而且所帶商貨又能以附搭為名，由中國官方收購，其價格也能高於市價，比起自行交易來可以獲取更多的利潤，因而樂此不疲。無怪乎當時的外國人要説：「大明，實為個空前絕後的大善政國家。」

　　鄭和六下西洋後，在朝中文官輿論的壓力下，朝貢貿易引發的各種矛盾都開始愈演愈烈。永樂十九年（1421 年）四月初八日，奉天、謹身、華蓋三殿遭雷擊後化為烏有，這引起了明朝帝王和大臣的驚恐和反思。不久，在群臣直言上書的洶湧情勢下，明成祖下罪己詔，把「不便於民及諸不急之務者，悉皆停止」，以緩民困。在

所列舉的停止事務中，就有「下番一應買辦物件並鑄造銅錢，買辦麝香、生銅、荒絲等物，暫行停止；往諸番國寶船及迤西、迤北等處買馬等項，暫行停止；修造往諸番船隻，暫行停住，毋得重勞軍民」，以此來表示自己「修身之誠」，「奉承天戒，舉寬仁之政，惠綏臣民」的決心。

1433 年，隨着鄭和在古里病逝，鄭和下西洋的歷史就此終結。副使王景弘將鄭和的遺物一起帶回了故土，而遠洋船隊也最後一次駛入太倉劉家港，並永遠停泊在那裏。停航法令第二次，也是最後一次以詔書的形式頒佈。詔書明令：「下西洋諸番國寶船悉令停止」，「各處修造下番海船悉令停止。」曾經氣勢磅礴、橫行海上的巨大寶船，如今孤寂地躺在廢弛的南方港灣裏腐爛。僅僅二十年間，帝國的龍江造船廠已經不復當年的景況，甚至連當年寶船的尺度都無從記起。再過二十年，成化皇帝也曾動起過出洋的念頭，但兵部尚書劉大夏卻將皇家檔案庫中的航海檔案予以毀棄，並且憤怒地說：「三寶下西洋，廢錢糧數十萬，軍民死且萬計，縱得奇寶而回，於國家何益？」站在他的角度，只是說了句良心話，做了件良心事而已。

就這樣，大明帝國大航海時代的輝煌如流星般一閃而過，消逝在歷史的夜空中。在大明朝那漫長的歲月中，沒有一個文人為鄭和寫傳記以表其功；且一切官方的文書中，也都找不到關於鄭和生卒年月的記載，這種情況一直延續到清末。當西方正準備衝向全球的時候，大明帝國卻主動退出了海洋⋯⋯

海商？海盜？

# 鄭芝龍與他的海商帝國

## 一官的崛起

自從明朝開放月港貿易之後，中國閩、浙沿海的海盜活動雖然基本平息，但中日的走私貿易卻大規模地興起。這是因為明朝政府從「防倭」的角度出發，仍舊嚴禁出海貿易的海商前往日本。特別是到了 1592 年，豐臣秀吉入侵朝鮮之役的爆發使中日關係更加緊張。整個戰爭從萬曆二十年（1592 年）開始至萬曆二十六年（1598年）結束，歷時七年。這場戰爭，明朝歷經戰與和的反覆，最終異常艱苦地贏得了勝利。

結果，這使得中日貿易只能以一種奇怪的轉口形式進行：或者

借琉球中轉，或者由西洋船隻承擔。結果反而造成了到日本進行走私貿易的利潤更為豐厚。明末人顧炎武曾寫道：「越販日本者矣，其去也，以一倍而博百倍之息；其來也，又以一倍而博百倍之息。愚民蹈利如鶩，其於凌風破浪，直偃息視之。違禁私通，日益月盛。」至於日本當局，同樣也歡迎中國貿易船隻的到來，德川家康取代豐臣秀吉當政以後，為了打破葡萄牙人對日本市場的壟斷，重開中日直接交流的渠道，決心消除豐臣秀吉發動侵朝戰爭所造成的惡劣影響。他首先授意對馬島島主宗義智設法恢復與朝鮮的正常關係，繼而又授意薩摩藩藩主島津家久致書琉球王尚寧，希望琉球在恢復日明貿易關係方面發揮作用。日本慶長十五年（1610 年），明代應天府（今南京）商人周性如駕貨船抵日，德川家康特予召見並授朱印狀，准中國商船可在日本任何港口停泊自由貿易，並給予保護。當周氏離日時，德川家康還授命老中本多正純、長崎奉行長穀川藤廣分別作書致福建總督，表示日本願與明王朝通好並重開勘合貿易。不管這封信送到與否，腐敗的明王朝此時已沒有在對日外交方面再有所作為的熱情了。然而，德川家康的政策卻吸引了更多的大明民間商船衝破海禁東渡日本。

1611—1644 年間，除個別年份外，每年都有數十艘中國商船前往日本。一些海商為了逃避明朝政府追究，或因商務方面的原因，在日本定居下來，但他們仍通過其親戚和宗族在中國與日本之間進行走私貿易。明末福建巡撫南居益曾指出：「閩閫粵三吳之人，

住於倭島者不知幾千百家，與倭婚媾長子孫，名曰唐市。此數千百家之宗族姻識，潛與之通者，實繁有徒。其往來之船，名曰唐船，大都載漢物以市於倭。」據 1608 年東渡日本在長崎擔任通事（負責翻譯聯絡的人）的淮安府人劉鳳岐估計，當時在長崎僑居的中國人約有二三千人，在整個日本列島僑居的合計約有二三萬人之眾。

隨着中日私人海外貿易的蓬勃發展，明末湧現出了眾多的海商集團。其中，以鄭芝龍海商集團的勢力最大，資本最為雄厚，其歷史影響也最為深遠。

鄭芝龍，字飛黃，小名一官，明萬曆三十二年（1604 年）出生於福建泉州南安石井鄉一戶普通家庭，共有兄弟 5 人，他排行老大，因此也被叫作「鄭一」，他的父親是福建泉州的庫吏，母親出身於澳門商人家庭。石井是一個閩南海濱漁村，地處金門、圍頭海灣腹地，安平（安海）港海門南岸，依山傍海。村民倚海為生，多以采撈和捕魚為業，或駕船興販貿易。芝龍從小習海事，知海情，又頗有文才，音律歌舞，無所不解，是個有為青年。當時，鄭芝龍眼見「雙親貧困潦倒」，即決心離鄉背井，到外地試試運氣，而且認定必須去海外見世面，找職業。於是他偕弟弟芝虎、芝豹前往廣東香山縣投靠母舅黃程。黃程在澳門經商，兼營海外貿易，見外甥到來，便留他做幫手。澳門當時為中外貿易中心，商賈雲集，鄭芝龍在這裏學會經商，還意外發掘出了自己的語言天賦，不到兩年時間就學會了葡萄牙語。他同葡萄牙人接觸，受其影響，接受天主教洗

禮，起了一個教名「尼古拉斯」，日後尼古拉斯・一官的名字便頻繁出現在葡萄牙、西班牙、荷蘭的官方文件中，只是文件中的這個名字代表的不是跪在神父面前的這個年輕的虔誠教徒，而是讓這幾國商人又恨又懼的海上霸王。

1622 年，鄭芝龍替舅父黃程販運貨物到日本平戶，他前去拜謁德川家康並贈以藥物。之後鄭家便僑居日本，繼續從事商業活動和對外貿易。1623 年，鄭芝龍在平戶娶了一位「年十七，夭嬌絕俗，美麗非常」的日本女子田川氏為妻，中國史籍則一般將她記為「翁氏」。這是因為鄭芝龍的岳父其實是泉州人，漢名翁翌皇，在日本經商已久，與一日本女子田川氏結婚，改用日本姓，稱田川翌皇。至於嫁給鄭芝龍的田川氏是翁翌皇的親生女兒抑或收養的日本女子，至今仍是眾説紛紜。鄭芝龍與田川氏婚後一年，田川氏於 1624 年 7 月 14 日在平戶千里濱生下一子，起名福松（即鄭成功）。一些書上記載，田川氏生產之前，夢見大魚入腹，街坊四鄰亦見他家火光達天，都前來稱賀，道：「令郎日後必定大貴。」有的書上還稱田川氏生產之時在海邊拾貝，倉促之間將鄭成功生於一塊巖石上，平戶至今還有所謂的「鄭成功兒誕石」遺跡，立於平戶河內浦千里濱的海灘。幾年後田川氏又產下次子田川七左衛門（從母姓）。

當時有一位名叫李旦的中國海商「以商船為事」，經營海外貿易，僑居日本長崎平戶，開設商行，擁有多艘商船，往來台灣、廈門和澳門，興販於柬埔寨、交趾（今越南北部）等國。鄭芝龍投身

其門下，「以父事之」。1624 年 8 月，李旦在日本病逝，他的事業全歸鄭芝龍掌控，這為鄭氏海商集團的興起奠定了基礎。

鄭芝龍事業上的另一位扶持者為顏思齊。此人是福建海澄人，因拳斃宦家僕人，逃往日本，在平戶「以裁縫為生」，積蓄頗裕，疏財仗義，遠邇知名。華人青年楊天生、陳衷紀、陳德等人推舉顏思齊為首領，組成社團。鄭芝龍入夥，受器重。顏思齊決定回國幹一番事業，於是帶楊天生、鄭芝龍等 28 人駕船駛往台灣，據北港，分汛耕獵。海盜楊祿、楊策與劉香等皆歸顏思齊所部。此時，「海中有十寨（舶）」，寨各有主，顏思齊為「主中主」。鄭芝龍懇求諸主讓他「放一洋」，獲准，即駕船出海，截獲來自暹羅（今泰國）4 艘貨船，使鄭芝龍「富逾十主」。明天啟五年（1625 年），顏思齊病逝後，眾推鄭芝龍為新首領。鄭芝龍繼承顏思齊的地位和事業，勢力更大，至 1626 年已擁有海船 120 艘，第二年又激增至 700 多艘。

## 料羅灣大捷

這時的鄭芝龍要想繼續做大他的事業，面臨着一個強大的對手 —— 被稱為「海上馬車伕」的荷蘭殖民者。17 世紀上半葉正是荷蘭歷史上的黃金時期，「如日中天的正午」。荷蘭商人的足跡遍及世界各地，幾乎壟斷了歐洲的海上貿易。「荷蘭人從各國采蜜……挪威是他們的森林，萊茵河兩岸是他們的葡萄園，愛爾蘭

是他們的牧場，普魯士、波蘭是他們的穀倉，印度和阿拉伯是他們的果園。」1602 年 3 月 20 日荷蘭議會頒發公司成立特許狀，授權荷蘭東印度公司在東起非洲南端好望角，西至南美洲南端麥哲倫海峽的船運貿易壟斷權。特許狀的頒佈及授權宣告了荷蘭東印度航運貿易從無組織狀態進入到壟斷、專營階段。本國私人貿易在該區域被禁止，連赴東印度的船員也不允許開展私人貿易。特許狀還准許荷蘭東印度公司以荷蘭議會的名義建造防禦工事、任命長官、為士兵安排住處，以及同亞洲國家簽署協議，攻擊、征服和統治的權力。於是，荷蘭東印度公司成為第一個可以自組傭兵、發行貨幣的股份有限公司。

荷蘭人認為一定要憑武力才能打開中國的大門。荷方的檔案材料記載：「據我們所知，對中國人來說，我們不但不能通過友好的請求獲得貿易許可，而且他們將不予以理會，我們根本無法向中國大官提出請求。對此，我們下令，為節省時間，一旦中國人不做任何反應，我們不能獲許與中國貿易，則訴諸武力，直到消息傳到中國皇帝那裏，然後他將會派人到中國沿海查詢我們是什麼人以及我們有何要求」；「要阻止中國人對馬尼拉、澳門、交趾以及整個東印度的貿易往來，而且需在整個中國沿海地區盡力製造麻煩，給中國人以種種限制，從而找到適當的解決辦法，這點毫無疑問。」荷蘭方面的材料記載荷蘭人侵擾福建漳州時，焚燒中國帆船六七十艘，並搶劫、焚毀了許多村莊。此後，他們在福建沿海不斷地搶劫福建商

人的船隻，擄賣中國人，人數達 1400 之多。

　　福建商人集團面臨荷蘭殖民者的欺壓，卻很難得到來自明朝政府的支持。1625 年 4 月，在與福建官府談判澎湖群島問題的時候，荷蘭人悄悄地派出艦隊去馬尼拉海面搶劫福建商船。他們很擔心這種做法得罪福建官府，所以，他們向一些親荷的福建商人諮詢。荷蘭檔案中有如下記載：「如（福建商船）被我方船舶捕獲，則軍門對此將有何説？據言當不發生任何問題，不過為遭遇此劫者之不幸耳⋯⋯又言軍門及都督任職僅三年，故不欲與中國治外之人惹起爭端，一切盡量避免，蓋此舉並不受國王之感謝，且無所收益。」明朝官府對海疆民眾利益的漠不關心，連海外國家也看得心寒。

　　因此，福建海商只有靠自己的奮鬥來解決問題。崇禎元年（1628 年），在把朝廷前來「清剿」的福建水師打得又一次「官兵船器俱化為烏有」之後，鄭芝龍正式接受了明朝廷的招撫，就任「五虎游擊將軍」，坐鎮閩海。此時，他所擁有的海船竟然多達 1000 艘，部眾 30000 餘人。與《水滸傳》裏的梁山好漢們一樣，接受招安後的鄭芝龍的任務就是清剿他過去的同行。幾年之內，他相繼消滅李魁奇、楊祿楊策兄弟、諸采老、鐘斌等海上勢力，隨後，已經成為明朝官軍的鄭芝龍部眾，與荷蘭殖民者展開正面對決 —— 勝利者將成為中國海的掌控者。

　　崇禎六年（1633 年）初，竊據台灣的荷蘭殖民者繼續推行強買強賣，進而大規模襲掠的海盜政策。1633 年 7 月，8 艘荷蘭戰艦乘

明軍毫無戒備之機，以突襲手段向廈門港內的 30 艘福建水師戰船進行炮擊。這些中國戰船是鄭芝龍仿照荷蘭戰艦模式建造的，艦體龐大，裝備精良，船上還裝備了一部分帶有環栓，能被拖動，置於雙層甲板上的紅夷大炮。在毫無防備的情況下，25 艘中國戰船被摧毀，官兵死傷數百名，廈門港亦被荷蘭軍艦封鎖。

鄭芝龍立即做出反應，集中了 150 艘戰船，其中有 50 艘大型帆船，向封鎖廈門的荷蘭軍艦發動進攻。荷蘭人被驅離了廈門灣，鄭芝龍乘勝追擊。九月二十日（1633 年 10 月 22 日），在金門料羅灣，鄭芝龍將 50 艘鄭氏戰船分成兩支分艦隊，其中一支分艦隊在下風處迂回包抄荷蘭艦隊（9 艘戰艦）的退路，另一支分艦隊則在上風處，頭向荷蘭戰船直衝過來。當距離拉近的時候，鄭芝龍命令將福建水師的 100 艘小船點着火，向荷蘭人發動火攻。鄭芝龍的戰船、火船乘東北風向 9 艘荷艦衝擊，炮火硝煙將寧靜的港灣燒成沸騰的地獄，恐怖難以想象。據一位荷蘭目擊者描述：「有三艘戰船包圍，其中有一條船的戰士不顧一切把自己的船點火焚燒向荷艦撞擊。他們的行為正如狂悍而決死之人那樣⋯⋯完全不理會我們的槍炮和火焰。荷艦尾部起火，火藥庫爆炸，立即下沉。又一艘荷艦正在近岸處，被四艘兵船迫近，雖然在接舷戰中兩度打退了敵人，但終被俘獲。其餘荷艦狼狽逃入大海，借大炮和東北風之助，逃到台灣。」

對於那些一個多世紀以來橫行在東方海域的暴徒來說，有恃無恐的日子突然結束了，災難降臨得令人難以置信。明朝（鄭芝龍）

水軍的英勇令他們吃驚。三艘夾板船被焚毀，一艘被俘，84 名荷蘭人被生擒，另有許多死傷。1633 年的料羅灣海戰大捷，正好為鄭和遠航突然中止獻上了最好的 200 周年紀念。

## 中國海的主人

藉助這場大捷，鄭芝龍不僅向荷蘭東印度公司證明了最終誰才是中國沿海的主宰，同時也向福建省官員顯示了只有他才能夠防止荷蘭人帶來的危險。從此以後，他在福建海防中的地位便神聖不可侵犯了。隨着鄭芝龍在崇禎八年（1635 年）最終剿滅了海商集團中最後的敵手劉香，「劉香既殺……海上從此太平，往來各國皆飛黃旗號，滄海大洋如內地矣」，從廈門港到台灣省、日本、菲律賓、印度尼西亞，以及馬來半島的各個港口，懸掛着鄭氏旗幟的中國帆船安全而受人尊敬地航行。中國海商在這段時間內，重新成為中國海的主人。第二年，鄭芝龍以五虎游擊升副總兵加一級。崇禎十三年（1640 年），明朝廷又任命鄭芝龍為福建總兵官，兼都督同知；後鄭芝龍又升遷至南安伯、平虜侯、平國公。福建巡撫上書為他表功：「芝龍果建奇功，俘其醜類，為海上十數年所未有。」

這時的鄭芝龍利用他在福建的地位，壟斷海上貿易，建立起一個龐大的海商集團。中國歷史上從來沒有哪個海商集團的規模可與鄭芝龍的相比。鄭氏集團主要從事海上貿易，以追求商業利潤為目

的，為保護海上貿易而建立水師，並用商業利潤來維持它的水師。其海上貿易與海上武裝的形式，與西方擴張者完全相同（唯一缺乏的是來自官方的支持）。他們已經學到當時世界上最先進的航海、貿易與私掠的技術，並可能通過貿易與截獲的形式獲得歐洲海上最先進的裝備——帆船與大炮。

鄭芝龍的船隊最多時有約 3000 艘船隻，往來於東南亞等地。他的商船經常滿載絲綢、瓷器、鐵器等「唐貨」，駛往柬埔寨、占城、三佛齊、菲律賓等南洋國家貿易，博易運回蘇木、胡椒、象牙、犀角等貨物。由於當時葡萄牙人、西班牙人侵佔南洋一些國家和中國澳門，因此鄭芝龍進行海外貿易活動時，不可避免地要與他們打交道，甚至建立商業關係。

不可一世的荷蘭人最後也屈服了，他們在戰敗後意識到同中國通商貿易，唯有遵循鄭芝龍的要求，才能購買到中國貨物。戰後第二年，荷蘭人在報告中寫道：「我們去年發動的戰爭結果足以表明，自由無限制的中國貿易憑武力和強暴是無法獲得的。」在這種情況下，他們不得不將部分商業利潤轉讓給鄭芝龍。荷蘭人放棄了壟斷中國海上貿易網的企圖，轉而承認鄭芝龍的海上霸權秩序。1640年，荷蘭東印度公司與這位中國「海上國王」達成航海與貿易的若干協定，並開始向鄭芝龍「朝貢」。

根據荷蘭東印度公司《巴達維亞城日誌》與《大員商館日誌》記錄的有關資料，可以看出當時鄭芝龍與荷蘭人的通商貿易情況。

1633 年至 1638 年間（崇禎六年至十一年），從大陸載貨駛往台灣貿易的帆船（商船）少者幾十艘，多者 100～200 艘。貿易最盛時，駛抵台灣的帆船一個月就有 20～30 艘，一天數艘。這些帆船大多數為鄭芝龍及其部屬所有，從福建廈門、安平等港口載貨駛往台灣。所載貨物主要是生絲、綢緞、布、砂糖、鐵鍋、瓷器、金、水銀、礬、米、麥、食品、鹽等，甚至連木材、石頭也運往台灣。荷蘭人向鄭芝龍和其他中國商人購買大量生絲、絲織品、瓷器、砂糖，再轉運往歐洲各國販賣，獲取巨額利潤。

不過，鄭芝龍最重要的海外貿易活動，主要是同日本之間的通商貿易。明朝官方的禁倭政策至此徹底成為虛文。這是因為一方面鄭芝龍與日本建立了良好的關係；另一方面，鑒於他在東南海域的地位，明政府對他所進行的對日貿易無力約束，基本採取放任態度。鄭芝龍特地開闢從福建泉州安平通往日本長崎的海上通商航線，增加商船，載運貨物往還安平與長崎。據荷蘭東印度公司《巴達維亞城日誌》《平戶荷蘭商館日誌》記錄：1631 年（明崇禎四年）十二月十一日，鄭芝龍兩艘商船從日本長崎返航安平。1639 年（崇禎十二年）鄭芝龍駛往長崎的商船多達數十艘。1640 年（崇禎十三年），鄭芝龍兩艘商船滿載黃、白生絲及綢緞等貨物駛往日本。另據《長崎荷蘭商館日誌》記錄，1641 年至 1643 年間（崇禎十四至十六年間），鄭芝龍與日本貿易量增加，商船往返頻繁，載運大量生絲、各類紡織品、黑白砂糖和麝香、土茯苓等藥品前往日本，頗受

日本各界人士和民眾的歡迎，這是西方商人無法做到的。僅在 1641 年，鄭芝龍就派遣 6 艘商船到日本，所載運的貨物中僅生絲一項就有 30720 斤，絲織品 90920 匹，相當於當年到達日本的其他中國船載運生絲總量的 1/3，絲織品總量的 2/3。據村上直次郎所譯《長崎荷蘭商館日誌》記載：1643 年「唐船」到岸總值 10625 貫，鄭氏即占 8500 貫，約占 80%。可以説，鄭芝龍海商集團幾乎壟斷了當時的對日貿易。

明朝末年的鄭芝龍實際上已成為富甲全閩的第一號人物，從閩南沿海發出的商船，絕大多數是鄭氏產業。他利用權勢私自徵收進出口税，凡是經由福建地區的商船，必須繳納白銀 3000 兩，購買鄭氏符令，才能暢通無阻，否則便寸步難行。當然這位精明的海商也知道獨自悶聲發大財是不好的，他利用海外奇珍異物，賄賂明朝廷和福建省地方高官，以鞏固他在福建的地位。有了財富，自然還要享受生活。鄭芝龍在離泉州四十里的安平鎮（今晉江市安海鎮）建立了一個龐大的貿易基地，蓋起高大奢華的宅院，亭台樓榭，雕欄玉砌，十分華麗。他還別出心裁，挖通海道，使海船可以直接駛入宅院，停泊在他的臥室門口。安平鎮的守軍旗幟鮮明，甲戈堅利，這是他的私人武裝，軍餉由他自己開銷。安平鎮上商店林立，都是鄭氏產業。鄭芝龍建立起許多商行，還在京師（北京）、山東、蘇州、杭州等地設有五大商行。

## 海權的傾覆

　　也是在接受招安過上安穩日子之後，1630年，鄭芝龍派人從日本接回了寶貝兒子鄭森（幼名福松，即鄭成功）。鄭成功回國後，鄭芝龍為他改名森，字明儼，花重金為他聘名師授課。鄭氏門第低微，鄭芝龍本人又有當海盜的不光彩經歷，雖已富甲全閩，成為福建地區的軍事長官，但當地衣冠世族卻看不起他，私下稱之為「賊」，不屑於與他往來。因此，鄭芝龍希望兒子鄭成功能躋身士流，附庸望族。

　　鄭成功也十分為老爸爭氣。他從小才思敏捷，11歲時，老師曾以「灑掃應對進退」為題命他作文。他在文章中寫道：「湯武之征誅，一灑掃也，堯舜之揖讓，一進退應對也。」意境開豁、新奇，使老師十分驚詫。崇禎十七年（1644年），鄭成功21歲，進入南京國子監，成為太學生。他拜在當時著名學者錢謙益門下，學習儒家經典。錢謙益十分器重他，為他取字大木。當時的名家對鄭成功的詩很欣賞，錢謙益讚賞曰：「聲調清越，不染俗氛，少年得此，誠天才也。」當時的應天府丞瞿式耜更是獨具慧眼，從鄭成功的詩中看出這個年輕人「瞻矚極高，他日必為偉器」。

　　同樣是在崇禎十七年，甲申國變，明朝滅亡。明朝鎮守山海關的將軍吳三桂勾結滿洲貴族入關，佔領了北京。崇禎皇帝朱由檢自縊的消息傳到南京之後，留都的明朝官員擁立福王朱由崧為帝，改

元弘光，建立第一個南明政權。清順治二年（1645年）五月，清朝定國大將軍、豫親王多鐸率清軍攻入南京，短暫的弘光政權宣告滅亡。江山易主，山河破碎，不久前才離開南京的鄭成功（時年21歲）目睹如此悲慘景象，心情萬分悲痛。但他的老爸鄭芝龍此時卻很開心，正所謂春風得意馬蹄疾。

一方面，鄭芝龍的日本妻子暨鄭成功的生母田川氏終於來到了福建與家人團聚。母子相見，悲喜交集，這對於剛從南京戰亂下返回家鄉，痛感亡國之苦的鄭成功是一個很大的慰藉。另一方面，鄭芝龍像戰國時代的呂不韋一樣揀到了一件「奇貨」。弘光政權滅亡以後，南明勢力發生內訌。順治二年（1645年）六月，明魯王朱以海在紹興監國，控制浙江東部地區。鄭芝龍的兄弟鎮江總兵鄭鴻逵與戶部郎中蘇觀生則一道擁立唐王朱聿鍵，一行人入閩後，南安伯鄭芝龍、福建巡撫張肯堂、禮部尚書黃道周共同扶立唐王為帝，建都福州，建元隆武。

雖然江西、湖北、廣東、廣西、四川、雲南等地的文武官員聽到唐王隆武政權建立的消息，紛紛上表稱臣，表示擁戴，令隆武政權成為名義上正統的第二個南明政權。但朱聿鍵本人並沒有自己的班底，加上名分不足（他是朱元璋第22子的第8代孫，血緣距離崇禎帝非常遠），因此不能不依賴倡先擁立的福建實權人物。在擁唐群臣中，最有實力的還是鄭氏家族，當時「兵食大事，俱仰給鄭芝龍；隆武雖擁空名，實為寄生」，他們不僅為唐王的活動提供了最基本的

經費，而且還有一支相當能打仗的軍隊。因此，隆武帝即位後就以擁戴功加封鄭芝龍為平虜侯，鄭鴻逵為定虜侯，鄭芝豹為澄濟伯。後來更封鄭芝龍為平國公，鄭鴻逵為定國公，畢恭畢敬地尊他們為太師，鄭氏「一門勳望，聲焰赫然」。當時的鄭芝龍實際上是明朝末年中國海商階層的代表人物，他與鄭鴻逵等人進入南明隆武政權，是中國歷史上唯一一次海商集團進入帝國的統治中樞，並發揮重要作用。在當時的西方人眼裏，「他（指鄭芝龍）的船隻計有三千，他令其船主們巡航到暹羅、馬尼拉、馬六甲等地，就豪華以及財富來說，他幾乎凌駕他效忠的唐王，而他的確已矚目帝位了」。

但這是曇花一現。順治三年（1646 年）六月，清軍攻克錢塘江防線，朱以海逃往海上，魯王政權滅亡。偏安福建的唐王政權脣亡齒寒，直接暴露於清軍面前。七月，清軍大舉進攻福建，直逼閩浙交界的軍事重鎮仙霞關。

鄭芝龍自始至終都是海商，他更喜歡沒有領土與疆界的海上貿易王國，他更像戰爭中賣糧食給敵國發大財的荷蘭商人，而不像寧死也不食敵國粟黍的中原義士。作為海商，他與明朝的關係其實是一個買賣的關係，明朝授予他高官，而他為明朝平定東南海疆，並從中謀利，獲得巨額財富。現在，清軍大軍壓境，他開始感到不能再抱住脆弱的唐王政權而放棄如此龐大的私產，更不願離開他安樂的老巢，再過漂泊不定的海上生活。他自以為在福建、廣東海域擁有強大的水師，滿洲貴族的軍隊擅長騎射，缺乏水上作戰能力，勢

必像明朝皇帝一樣看重自己。他在與兒子鄭成功的對話中說：「識時務者為俊傑。今招我重我，就之必禮我。苟與爭鋒，一旦失利，搖尾乞憐，那時追悔莫及。」

可惜鄭芝龍這次的算盤打錯了。18年前他能夠受明朝招降，是因為明朝已經衰落到在意志與能力上根本不能剿滅他，否則絕不會容民間海商海寇成為官府海防游擊。如今時勢不同了，清朝正在興盛之時，帝國江山已在囊中，豈容得海寇縱橫？清軍進抵泉州之後，鄭芝龍滿心歡喜前往清營投降，當晚便剃髮留辮，換上滿族裝束。誰知，歡飲三日之後，征南大將軍博洛忽然在半夜傳令拔營回京，並命鄭芝龍隨軍北上，鄭芝龍心知中計，但已是「神龍失勢，與蚯蚓同」，無可挽回了。

表面上，鄭芝龍先被編入漢軍正黃旗，再轉鑲紅旗，賜三等子爵，再晉封同安伯，清廷賜了一座四合院給他居住，並且給他很高的俸祿。但是實際上是沒有自由的，鄭芝龍就是清廷用來挾持鄭氏家族的人質。順治十二年（1655年），堅持抗清的鄭成功相繼攻陷福建漳州、同安、仙遊等地後，清廷一片譁然。眼看招撫不成，順治帝惱羞成怒，已被軟禁在北京多年的鄭芝龍不僅爵位被奪，且被囚於高牆之內。這一年，鄭芝龍原部下黃梧降清後，向閩浙總督李率泰進言，以為「成功父子殘害生靈，實戾氣所鐘」，於是福建南安石井的鄭氏祖墳被清兵競相破壞，其中包括鄭成功的高祖父母、曾祖父母、祖父母三代直系祖先。對於中國人而言，祖墳被掘、龍脈

被斷是再忌諱不過的事了。

　　順治十八年（1661 年），鄭成功率兵到達台灣，清廷已鞭長莫及。為了報復，九月二十四日，清廷以鄭芝龍「怙惡不悛，包藏異志，與其子成功潛通，教唆圖謀不軌，奸細往來，泄漏軍機等項事情，經伊家人尹大器出首，究審各款俱實」為由，於十月初三日誅殺鄭芝龍及其子孫家眷 11 人。而鄭芝龍留下的海商帝國最終也隨着 1683 年施琅收復台灣宣告傾覆。官方政府再次消滅了民間海商力量；在西方擴張的世界格局內，中國也再次失去了競爭海上的機會。

沒 有 硝 煙 的
戰 場

# 財源滾滾的市舶司與發財的胡商

市舶之利最厚，若措置合宜，所得動以百萬計，豈不勝
取之於民？朕所以留意於此，庶幾可以少寬民力爾。

—— 宋高宗（趙構）紹興七年（1137 年）

## 重商主義的大宋王朝

在歷代封建統治者中，宋朝的皇帝們或許是最為看重海外貿易
的。有宋一代，契丹、女真以及党項族先後在北方和西北方興起，
建立了遼、金和西夏政權，致使中原至中亞、西亞以及歐洲各國往
來的陸上通道被阻斷。駝鈴叮咚，商旅項背相望的千年古道 —— 絲
綢之路實際上已告中斷，但積貧積弱的宋朝政府已無力像漢唐那樣
掃除路障，重新拓通這條陸上通道，只得將對外貿易的窗口和目標
轉向大海，依靠海洋來獲得諸如香藥、犀角、瑪瑙等珍貴物品。

除了滿足統治階級對海外奢侈品的需求之外，宋代重視海外貿易的另一個目的是解決持續的財政危機。宋政府久為「三冗」（冗官、冗兵、冗費）所累，財政支出浩大，真宗朝以後始終存在捉襟見肘的窘迫。宋政府每年能從海外貿易中得到幾十萬到上百萬的收入，如宋高宗所說「市舶之利最厚，若措置合宜，所得動以百萬計」；而香藥寶貨也與實錢一樣，「皆所以助國家經常之費」，「內贍京師，外實邊鄙，間遇水旱，隨以振濟」。故而宋朝廷制定了積極開放的對外貿易政策，將它作為國家經濟的重要組成部分加以重視和支持，以促進中國與海外各國的商務關係。

　　宋太宗雍熙四年（987 年），大宋王朝剛剛迫使吳越「納土」而統一中原不久，即「遣內侍八人……各往海南諸藩國，勾招進奉，博買香藥、犀牙、珍珠、龍腦」，積極開展對外貿易。宋仁宗天聖六年（1028 年）七月十六日又「詔廣州近蕃舶罕至，令本州與轉運司，招誘安存之」。南宋時，領土縮小，「經費困乏，一切倚辦海舶，歲入固不少」，政府的財政收入更多是依靠外貿收入來維持了。宋高宗十分清楚海外貿易在國家歲收中的重要性，並告誡官員「自當體國，招誘博買」。終宋一代，歷任統治者都特別招徠外商貿易，發展海外貿易事業已作為經濟政策的重要組成部分被確立下來。

　　為了吸引海外商人前來貿易，宋廷採取了各種措施以確保來中國從事貿易的外國商人及其財產的安全，凡有「番舶為風飄着沿海州界，若損敗及舶主不在，官為拯救，錄物貨，許其親屬召保認

還」。每當有外商來往之時，宋代地方官還要設宴接風洗塵或餞別，名之曰「犒設」；甚至「以阜國計」而給予這些商人超國民待遇，「僑蕃甚蒙優遇，縱有非法行為，每置不問」。

宋代中國的海岸線是對外開放的，在南至廣州，北到吳淞口的漫長海岸線上，設立了很多外貿口岸。隨着海上對外貿易的不斷發展，宋代在唐代的基礎上，完善了專門管理對外貿易的官府機構 —— 市舶司，以「掌蕃貨海舶征榷貿易之事，以來遠人，通遠物」。宋太祖開寶四年（971年）平嶺南後，與東南亞的占城、渤泥諸國貿易往來頻繁，「由是犀象、香藥、珍異充溢府庫」。因此，宋廷便在廣州設置市舶司，管理海外香藥貿易，此後，宋廷先後在東南沿海的廣州、杭州、明州、泉州、溫州、上海等地設置市舶司或市舶務共十多處，對從進出口貨物檢查、驗券到將稅收運送京師的事務實行一套完備、嚴格的管理。

## 「市舶之利最厚」

宋政府的市舶收入主要來源於兩處：博買和抽解。博買主要是通過政府對進口品的經營生利，而抽解即徵收進口稅，這是淨利收入。船隻到港之後，均須受到嚴格檢查，以防非法禁貿物資及銅幣外流，謂之「呈樣」；隨後市舶司便實行抽稅，稅率隨時變更，大體而言，對「細」品質之貨物（即量小而價高之貨）課以百分之十的

稅款，而對「粗」貨，則常課以百分之十五的稅。

　　此項收入當然是十分可觀的，譬如建炎元年至紹興四年（1127—1134年）的7年間，光是一個蕃舶綱首招誘販到泉州的貨物，市舶司抽解所得淨利錢就達98萬餘貫之多。隨着宋代海上貿易不斷發展，海上貿易提供給國家的財政收入不斷上升，太宗時已達50萬緡，仁宗時「海舶歲入……總其數五十三萬有餘」。神宗熙寧九年（1076年），「杭、明、廣三司市舶，收錢、糧、銀、香藥等五十四萬一百七十三緡」。至南宋初年，「兩舶司（閩、廣）抽分及和買，歲得息錢二百萬緡」，這對於在戰爭中遭到巨大破壞的南宋財政是一個巨大的支撐（當時每年財政收入不滿千萬）。即使在之後較為穩定的年代，「南宋經制錢、總制錢（俱北宋末至南宋的新稅）收入約千五百萬緡，當常賦之半，則其年總歲入當為四千萬緡乃至四千五百萬緡。」而市舶司歲入二百萬緡，也可達總收入的5% 左右，實在不容小覷。《宋史‧食貨志》記載：「宋之經費，茶、鹽、礬之外，惟香之利博。」

　　掌握着如此財源的市舶司官員自然有了致財聚寶的好機會。市舶司的職位成為做官者眼中的「肥缺」，未任者夢寐以求之，在任者竭力以求連任。提舉廣南市舶劉景為得再任，「未離市舶，結托蕃商，使之進狀攀留」，演出一場蕃商請願，留任「清官」的鬧劇。知撫州張子華「目不識字」，卻深識市舶官位的肥厚，「以玩好結托時相，遂遷福建、廣南兩路市舶，貪污之聲傳於化外」。這類官員在任

上，必然貪得無厭，將海舶視為財源。由於官吏的苛取無度，甚至出現過「蕃人憤憤，至露刃相殺，市舶勾當死者三人」的惡性事件。

由於宋朝大多數皇帝都比較重視海外貿易，因而對管理該項事務的市舶官員就非常看重。宋高宗就是其中典型的代表。在位期間，他多次提到市舶司存在的重要性，也因此對市舶司官員的選任非常關注。這當然與其在位時期宋金交戰，國家面臨的財政困難較多，市舶收入在一定程度上能緩解政府的財政危機有很大關係。紹興七年（1137 年）他就提到：「市舶之利最厚，若措置合宜，所得動以百萬計，豈不勝取之於民？朕所以留意於此，庶幾可以少寬民力爾。」同年，高宗認識到「廣南舶政大弊」的原因是官員不得力時，就急忙「命二府大臣擇士人修潔者為之」。高宗在位期間，甚至將對市舶司官員的獎懲與其績效掛鈎，「閩廣舶務監官抽買乳香每及一百萬兩，轉一官」；反過來，要是「商販乳香頗有虧損」，就會「特降一官」。

## 利潤豐厚的乳香

從財政角度來看，乳香在宋朝海外貿易中尤其佔有特殊地位。所謂乳香，指的是橄欖科植物卡氏乳香樹及同屬植物的膠樹脂。春夏季將樹皮由下向上切開，並開一狹溝，使樹脂從切口滲出，流入溝內，數天後凝成乾硬的固體，收集後剔除樹皮雜質，即「生乳

香」。生乳香是乾燥的膠樹脂，大多呈小形乳頭狀、淚滴狀顆粒，或不規則的小塊，淡黃色，半透明，無光澤，氣微芳香，味微苦，遇熱則變軟，燒之微有香氣。

宋代社會用香風氣極盛。皇帝以及眾多的皇室成員在日常生活和宮廷活動中大量使用香藥，而且他們所用之香都是價值高昂、香韻華貴的上等香料，如龍涎香、龍腦香等。至於民間社會，宋代的宗教活動十分活躍，對佛、道二教極力提倡，導致佛院道觀遍佈國中，崇祀活動處處盛行。民間宗教活動無力采辦價格昂貴的龍涎香，代之以乳香等廉價香料（南宋時沉香每裏 300 貫文，乳香僅 64 貫文）。陸游在《老學庵筆記》裏就寫道：「閩中有習左道者，謂之明教……燒必乳香……」明教在宋朝的活動範圍非常廣泛，擁有眾多的教眾，消費的乳香數量自然不少。宋神宗時戶部專門請求「乳香民間所用，乞依舊條給長引，許商販。其諸路賣官香，亦用舊法」，反映了乳香在民間應用之廣泛已引起了統治階級的重視。也正因此，乳香最為市舶司官員所看重。趙汝適在《諸蕃志》中「乳香」條下特別強調：凡「番商貿易至舶司，視香之多少為殿最」。乳香在宋代香藥的進口數量中也佔有壓倒性的優勢，紹興二十六年（1156年）十二月二十五日，三佛齊貢乳香 81680 斤，而其他 13 種香藥總重量還不到 35000 斤。綜觀所有進貢香藥，數量能在萬斤以上者屈指可數，沉香雖然常用，但千斤以上的數量也很少見。乳香和其他香藥如此大的數量差，正說明乳香的支配性地位。

宋廷將香藥列為禁榷物，實行政府專營政策，其中利潤空間巨大。例如南宋官僚張俊遣門下老卒以 50000 貫資本浮海走私香藥等物，逾歲而歸，獲利竟達幾十倍。據記載，熙寧九年（1076 年）至元豐元年（1078 年）官府出賣乳香共收入錢 894719 貫 305 文，其中熙寧九年收入為 327606 貫 147 文，熙寧十年為 313374 貫 204 文，元豐元年為 253738 貫 954 文。以乳香一種香藥而獲得如此大的收入，正說明乳香在香藥貿易中的重要性和其對財政影響力度之大，所以朝廷對市舶司官員的獎賞也主要根據抽買乳香的數量，將抽買乳香的成績作為考核官員的重要依據。

此外，宋朝政府甚至還用乳香等舶貨贍助西北軍費。北宋時西北戰事頻繁，軍費開支成為宋朝財政的一筆沉重負擔。而當地的少數民族對乳香等舶貨又比較歡迎，所以朝廷就直接將乳香等運到前線交換糧草。「國初，輦運香藥、茶帛、犀角、金銀等物赴陝西變易糧草，歲計率不下二百四十萬貫。」

## 發財的胡商

乳香主要出產於紅海沿岸的索馬里、埃塞俄比亞和阿拉伯半島的南部，宋朝時期，進口的乳香多是來源於這些地區。順理成章地，海外的乳香貿易主要掌握在以大食人（阿拉伯及波斯人）為主的胡商手中。

阿拉伯是善於經商的民族，有着久遠的經商歷史。由於阿拉伯半島的優越位置，阿拉伯人很早就成為阿拉伯海的主人。阿拉伯人的航海技術很發達，阿拉伯商人利用有規律的季風，發展了印度和東非的海上貿易，往來於阿拉伯海和印度洋上，在東西方貿易中擔當着重要的角色，進而將航線經由南中國海延伸到了中國。由於海外貿易路途艱險，費用巨大，因此，獲利極高的香藥逐漸成為海上貿易的首選商品，「唐時大食商人的商品，以珍寶馳名於世。宋時則以犀象，尤其是香藥，為人所重」。

　　「諸蕃國之富盛多寶貨者，莫如大食國。」握有乳香產地這一「聚寶盆」的大食商人是來宋次數最多的外國商人之一。從宋太祖開寶元年（968 年）至孝宗乾道四年（1168 年），大食來華貿易有史可考的達 49 次。北宋時期已經有許多胡商來到泉州從事香料貿易。北宋哲宗紹聖二年（1095 年）永春知縣江公望對刺桐港香料進口的繁盛景象作了生動的描述：「海船通他國，風順，便食息行數百里，珍珠、玳瑁、犀象、齒角、丹砂、水銀、沉檀等香，希奇難得之寶，其至如委。巨商大賈，摩肩接足，相刃於道。」泉州的外國人居住區稱「蕃人巷」。有人亦云，泉州「土產蕃貨，諸蕃有黑白二種，皆居泉州，號‘蕃人巷’，每歲以大舶浮海往來，致象犀、玳瑁、珠璣、玻璃、瑪瑙、異香、胡椒之屬」。

　　這些胡商大都從中賺得盆滿缽滿，「富者貨累巨萬」。這些蕃商「服飾皆金珠羅綺，器用皆金銀器皿」，所建屋宇「宏麗奇偉，益張

而大，富盛甲一時」。修造的伊斯蘭教塔寺「高入雲表」，每到宴會則「揮金如糞土，輿皂無遺，珠璣香貝，狼藉坐上，以示侈」，生活之富麗奢華令人咋舌。來華外商的貿易額動輒數十萬貫，大食商人蒲羅辛一次販到的乳香價值便達三十萬貫，外商蒲亞里販到的商品總價值之大，使市舶司所儲的所有本錢都不夠博買。而在泉州長期經營的蒲姓蕃商更是結成大海商集團，資財冠於諸商。「泉之諸蒲，為販舶作三十年，歲一千萬。」這個家族世代以經營香料為業，尤其到蒲壽庚這代，他因善於經營海外貿易，「擅蕃舶利三十年」，掌握海外貿易大權，擁有大量海舶和船戶，在東南沿海對外貿易中無人可出其右，成為宋元之際的一代風雲人物。

# 蒲壽庚：海雲樓的主人

泉州太守蒲壽庚者，本西域人，以善賈往來海上，致產
巨萬，家童數千。

—— 王磐《橋城令董文炳遺愛碑》

## 源自阿拉伯的家族

自唐永徽二年（651年），阿拉伯帝國與唐朝正式通使以來，阿
拉伯商人便不憚艱辛，前往中國通商。唐代阿拉伯商人最初大多經
陸上絲綢之路到長安。20世紀60年代，在今西安市西窯頭村的一
座晚唐墓葬中，出土了三枚阿拉伯金幣，其年代為公元702年、718
年和746年。這是中阿陸上交通往來的實物證據。唐代中葉以後，
由於陸上絲綢之路的河西和隴右被吐蕃勢力佔據，因此海上絲綢之
路興起，取代了陸上絲綢之路，中國與阿拉伯世界的交通和貿易往

來就由陸路轉向了海路。

當時，在唐朝「除舶腳、收市、進舉外，任其來往通流，自為交易，不得重加稅率」政策的引領下，東南沿海等港口舟船櫛比，空前繁忙，其間阿拉伯和波斯商人更是「汛舶漢地，直至廣州」，所以廣州港成為唐朝乃至當時世界上最大的對外貿易港口。韓愈在《送鄭尚書序》一文中說：當時廣州，「外國之貨日至，珠香、象犀、玳瑁、奇物溢於中國，不可勝用」。僑居在沿海商埠的阿拉伯（和波斯）商人也越來越多，數以萬計。據記載，公元 760 年在田神功討伐劉展時，揚州「大食、波斯胡賈死者達數千人」。蘇萊曼的《東遊記》記載，黃巢起義軍攻佔廣州時，遇難的阿拉伯等國的伊斯蘭教、猶太教、基督教、拜火教等教教徒和商人，總共有 12 萬人之多。這些數字可能有些誇大，但至少說明當時居住在揚州、廣州等地的波斯、阿拉伯商旅人數之多，以及中阿之間貿易之盛。

進入宋代之後，朝廷對外商的政策比唐代更為優惠，大食人來中國的更多，活動地區也更廣。他們聚居於廣州、泉州、明州（今寧波）、杭州等地，自立蕃坊。有犯罪者，由蕃長按伊斯蘭教教規處理，官方從不過問。上述這些優越待遇，目的在於鼓勵外商來華經商，以發展市舶貿易，增加稅收。宋神宗時期，大食商人辛押陀羅積資產數百萬緡，被宋神宗封為歸德將軍。公元 1072 年，他還作為勿巡國（今阿曼蘇哈爾）的使者來華進獻。他在廣州任蕃長時，起了「開導種落，歲致梯航」的作用，並捐貨賣田，大力振興郡學。

當時宋朝政府規定，市舶司官員只要能招徠到蕃商，抽解達到五萬貫，就可以補官。公元 1136 年，大食商人蒲羅辛就以「造船一隻，運載乳香授泉州市舶，計抽解價值三十萬緡，委是勤勞」，也被授予「承信郎」官職。

這裏的「蒲」姓，是當時蕃客的常見姓氏，追根溯源可能來自阿拉伯語的「阿卜杜拉」，蒲姓蕃客自然亦以來自阿拉伯各地為主。有一支蒲姓蕃客，在宋代從占城遷入廣州經商，「不只是一個富甲一時的巨商，而且是一個在巨商中擁有權威的蕃長」；不只是居留中國蕃商的行政領袖，並且是法律上、宗教上的領袖。南宋嘉定六年（1213 年）或紹定年間（1228—1233 年），蒲開宗帶領族人遷到泉州，翻開了家族歷史上新的篇章。他一邊繼續從事以運販大宗香料為主的海外貿易，一邊跑去泉州安溪當起了安溪縣的主簿，這是一個類似財政局局長的職務。他的生意做得相當大，這從他被宋廷授予高於「承信郎」的「承節郎」官職就可見一斑。

蕃客們的豪富在當時是頗為引人注目的。大食商人蒲押陀黎在至道元年（995 年）來進貢，貢物包括一百兩白龍腦，二十瓶銀藥，三甕白砂糖，二十瓶薔薇水，一座乳香山子，二段蕃錦，三段白越諾，三段駝馬褥面。蒲亞里在紹興元年（1131 年）時，進貢二百九十株大象牙，三十五株大犀，按當時市價計算，值五萬餘貫。宋代還有蕃客出錢助修城池之舉，「是門之役最鉅，視福、泉、建安加壯麗焉，然福資浮屠，建求科降，泉仰賈胡」。

這些人憑藉着豐厚的財富，在宋代過着舒適愜意的生活。「廣州番坊見番人賭象棋，並無車馬之制。只以象牙、犀角、沉檀香數塊於棋局上，兩兩相移，亦自有節度勝敗。予以戲事，未嘗問也。」除此之外，他們還會養鳥。朱彧在廣州居住時曾買一白鸚鵡，能言蕃語。白鸚鵡既然能言蕃語，自是由蕃人所養無疑。而且蕃人養鳥並不是簡簡單單的娛樂，他們也會把養的鳥再出售。養鳥之外，蕃客們養花的水平也是十分有名。

## 蒲壽庚與他的兄弟

這時的蕃客在飲食與服飾上仍然保留着異族特色，譬如岳珂就提到他們不吃豬肉，並且在吃飯的時候通常只用一隻手抓飯吃，另一隻手則放於褲下不用。蕃客的衣着也和宋人是不同的，他們有着自己的異域特色，所謂「蕃人衣裝與華異」，他們還有帶耳飾的習慣，「廣州波斯婦，繞耳皆穿穴帶環，有二十餘枚者」。

但除此之外，土生蕃客已經很大程度上被本地化了。北宋熙寧初年開始，宋廷在廣州、泉州等阿拉伯商人聚居地專門開設「蕃學」，其課程設置大體同府學相一致。這樣就為蕃商接受漢文化教育甚至參加宋朝的科舉考試創造了條件，使得蕃商的後代可以通過科舉入仕。

蒲開宗的一個兒子蒲壽成就是蕃客華化的典型例子。他早年應

 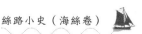

是一個軍官。劉克莊曾為蒲壽宬寫下《蒲領衞詩》的題跋：「心泉蒲君示余詩百三十，古賦三。前此二十年，君家有陶、猗之名，余未之識也。後君家貲益落，誅茅泉上，余始為賦詩，又十年乃見君詩。」蒲壽宬在其詩序中也説：「登師姑巖，見城中大閱，恍如陣蟻，因思舊從戎吏，亦其中之一蟻，感而遂賦。」這段話也證明了他曾是一個軍人。

不過，蒲壽宬雖是一個軍官，卻對文化興趣濃厚，他學作詩詞，與文士往來，後成為著名詩人，遺有《心泉學詩稿》。在其詩集中保有與泉州名士洪天錫、徐明叔、丘葵、胡仲弓等人唱和的詩。他的《寄丘釣磯》一詩「高丘遠望海，秋思窮渺彌。苦吟有鬼泣，直釣無人知」水平不錯。光看這首詩，無法想象他是外國人。以上泉州名士（如洪天錫曾任福建安撫使、刑部尚書）肯與來往，應可證明他的詩歌水平。後來蒲壽宬官任梅州知州，以清廉著稱，「性儉約，於民一毫無所取」。

蒲壽宬有個有錢的兄弟，所以可以「視富貴如浮雲」。與蒲壽宬愛好文化的性格截然相反，蒲開宗的另一個兒子蒲壽庚卻是「少豪俠無賴」，和市井流氓混在一起。成年後，蒲壽庚應是托父蔭進入官場，而後在市舶司任職，一步一步升遷，同時，他也在做生意。他在官場有個朋友叫董嗣杲。董嗣杲曾經在九江當榷茶官，他作了一首名為《欲附蒲海雲制幹舟歸》的詩：「江上樓高暝樹連，壯遊空慨禹山川。客中問醉當秋晚，夢裏懷歸在燕先。水送流年遺楚恨，風吹殘雪上吳顛。幾番

謾附鱗鴻便，不若相依買去船。」琢磨這首詩的最後兩句，可知董嗣杲多次搭蒲海雲（蒲壽庚，字海雲）的便船，乃至有些不好意思，聲稱還不如自己也去買艘船了。這首詩也告訴我們：蒲壽庚當時任「制幹」一職，這應是一個市舶司的職務；他經常在長江一帶乘船往來，應是做生意，所以董嗣杲可以搭其便船。同時，蒲壽庚應是長期在市舶司任職，並兼任翻譯之類的職務，可以在雙方貿易中上下其手，故而《槁城縣志》的《董文炳傳》記載：「（蒲）壽庚本回紇人，以海舶為業……南海蠻夷諸國莫不畏服。」

蒲壽庚在擔任制幹的五年之後，經歷了一次波折。周密的《癸辛雜識‧別集》記載了一個與蒲氏有關的故事：「林喬，泉州人……與蒲舶交，借地作屋。王茂悅為舶使，蒲八官人者漏舶事發，林受其白金八百錠，許為言之。既而王罷去，蒲並攻之，且奪其所借地。」

據泉州九日山石刻，咸淳二年（1266年）的泉州市舶使正是王茂悅。其時有個蒲姓的官商（「蒲八官人」，應為「蒲大官人」之誤），因有商舶未繳稅被起訴，他托泉州士人林喬為其向市舶使王茂悅遊說。其後事情發生變化，王茂悅去職，「蒲八官人」的漏稅案可能不了了之，因此，他認為中間人林喬未能起作用，將原先借出的地皮奪回。

從這段故事的前後文意來看，「蒲舶」和「蒲八官人」應為同一個人，而且應該就是蒲壽庚。除了他，宋末不會再有一個如此氣焰

囂張的蒲姓人士。泉州市舶司是一個機構，機構內有許多官員，而蒲壽庚被稱為「蒲舶」、「蒲大官人」，說明他是泉州市舶司的官員，而且官職不小，否則不會被叫作「蒲舶」。當然，這一職務應當不是市舶司提舉，而是一個掌握實權的官職，所以，他才能利用職權走私，當時稱之為「漏舶」。宋朝十分重視市舶司的收入，對提舉官的考核就是每年能招到多少「蠻舶」，抽取多少稅收。在這一背景下，「蒲大官人」仍然敢於「漏舶」，而且事後未受處分，這說明他的權力已經上升到一定的高度。元朝大將董文炳評價蒲壽庚曾說：「壽庚素主市舶。」「素主市舶」這四個字，應能證明他雖不是市舶司提舉，卻已實際上是市舶司的實權人物。

## 海雲樓的商業帝國

在南宋最後三十年時間裏，泉州港的對外貿易基本上都是由蒲壽庚操控的，人稱其「擅蕃舶利三十年」。其家族主要從事的是香料貿易，其後代從事製作和經營香料，一直傳承至今。永春五里街「蒲慶蘭香室」是有名的手工製香店舖，是蒲氏十三世世茂從泉州遷永春時開始經營的，至今已八九世。德化城關蒲姓「玉蘭堂香室」也是傳承至今。泉州法石是蒲壽庚的家鄉，此地人多以種花為業，種植從阿拉伯引進的茉莉花和素馨花。蒲氏族人還保留特殊的風俗習慣，用香料和香花敬奉祖先。

以蒲壽庚為代表的蕃商帶來大量的海外奇珍，使泉州成為「番貨遠物異寶珍玩之所淵藪」。據載，宋代從海外各國輸入的物品有寶貨、香料、藥物、布帛、雜貨等，多達 400 餘種，如《雲麓漫鈔》載：福建市舶常到諸國舶船，有「大食、嘉令、麻辣、新條、甘杞、三佛齊國，則有真珠、象牙、犀角、腦子、乳香、沉香、煎香、珊瑚、琉璃、瑪瑙、玳瑁、龜筒、梔子香、薔薇水、龍涎等」，貨色繁多，難以枚舉。

規模龐大的海上貿易帶來了巨額利潤。《桐江集》載：「泉之諸蒲，為販舶作三十年，歲一千萬而五其息，每以胡椒八百斛為不足道。」因而其「致產鉅萬」、「家貲累巨萬計」。如果當時有財富排行榜的話，泉州首富的頭銜絕不會落到別人頭上。南宋有個莆田人叫作劉克莊，是當時有名的詞人、詩論家，見多識廣，他把蒲壽庚比喻為春秋末期的巨商陶朱公。蒲壽庚的富有程度，可見一斑。

當時，蒲壽庚的宅邸在泉州城南一帶，東至塗門街，西至溪亭，南至今泉州七中，北至塗山街，方圓約 300 畝。300 畝換算成平方米，大概是 20 萬平方米。20 萬平方米是什麼概念？北京故宮佔地面積約 72 萬平方米，也就是說，蒲家府邸大約是紫禁城的四分之一到三分之一。民國年間的蒲氏後人聲稱：「民國二十四五年（1935 年左右）時，泉州南教場開作汽車站，掘出來的花盆，寫丞相花園字樣，我叔叔說南教場原來是我們丞相（指蒲壽庚）的花園。」新中國成立後去調查的莊為璣認為：「蒲氏的住宅中心即現在泉州總站那

邊。他的府第即今南教場的總車站。」

　　蒲壽庚的家裏，有花園、棋盤園、書軒、講武場、廚房、祠堂等。蒲家接待貴賓之處，叫作「待禮巷」；蒲氏講武堂所在地，叫作「講武巷」；因為泉州被譽為「海濱鄒魯」，所以他家子弟讀書的地方，叫作「東魯巷」；甚至連他家兵營的廚房，都佔了一條巷子，叫作「灶仔巷」。在蒲壽庚生活的那個年代，弈棋風盛，為了娛樂賓客，蒲壽庚在自家花園北面開闢了一個棋盤園。他也是真會玩，「琢巨石為棋盤……以美人為棋子」。32 名美女分別手執棋子名牌，各就各位，聽候弈棋者號令進退。至今，盤已無存，園亦改建土地祠，但地名無改。泉州義全宮附近有一小巷，叫作「三十二間巷」。據說，這就是蒲壽庚當初給 32 名充當棋子的女子夜宿的地方。這些女子的其他待遇現在大家無從得知，但是，當初蒲壽庚安排的宿舍，可是每個人都有一間房的。

　　支撐如此奢侈生活的是蒲壽庚的龐大的海上商業帝國。單單他的女婿佛蓮（來自巴林的阿拉伯人），就擁有海船 80 艘，因死後無子嗣而家產被充公時，竟有珍珠 130 石。可見蒲壽庚名下的船隻自然要多得多了。據說，他名下的海船「舟如巨室，帆若垂天之雲，舵長數丈，一舟數百人，中積一年糧，豢豕釀酒其中，置死生於度外」。為了更好地檢視自己的龐大船隊，蒲壽庚還在晉江出海口岸附近寶覺山（一作石頭山）建瞭望樓閣以望海舶，樓下建有「一碧萬頃亭」，站在樓亭前，海天盡收眼底。這就是著名的「天風海雲樓」，

樓名取的即是蒲壽庚的字「海雲」。顯然，沒有巨量海舶和強大的經濟實力，是用不着建也建不起望海樓的。

至於他的兄弟蒲壽宬，後來回到了家鄉法石隱居。法石濱海靠山，宋元時代為泉州海外交通要衝。根據志書記載：「雲麓在法石山左的山腰上。它是一個不大的村落。位於泉州城外的東南隅，距城約三公里餘……傳說宋元之際，蒲壽宬有頗具規模的花園存此。」

## 權重一時的土生蕃客

南宋咸淳十年（1274 年），有一件事使蒲壽庚在政治上飛黃騰達，那就是他與蒲壽宬率領船隊打敗了侵擾泉州的「海寇」，保住了港口的安全。閩、粵一帶的海寇幾與南宋一代相始終，僅紹興十三年到紹興十七年短短的 4 年間，福建路一地每年至少有 50 支以上的海盜團夥出現，平均每周就有一支海盜隊伍誕生。盜賊盤踞沿海小島，騷擾地方，朝廷多次派軍隊圍剿。海寇在海上劫掠往來船舶，上岸燒殺搶奪，甚是猖獗。但南宋「官軍不習山險，多染瘴癘」，海寇勢力之大甚至連官府的正規水軍左翼軍也無法抵擋。據《泉州府志·紀兵》記載，南宋泉州共發生海寇犯泉事件六起，而《福建通志》中記錄了八起海寇犯泉事件。咸淳十年，海寇襲擊泉州，官兵無可奈何，南宋朝廷只得徵調民船，鼓勵民間武裝捕盜，並以獎賞官爵的方式鼓勵官民緝捕海寇。

好在蒲壽庚兄弟不僅熟悉海事，且有一支龐大船隊及「家僮數千」，對付區區海盜自然不在話下。兩人主動出擊，退寇禦侮，震動朝野。南宋政府即以平海寇有功，授予蒲壽庚福建安撫使兼沿海都置制使（合稱福建安撫沿海都置制使），安撫福建一路之兵事民政，又授予其總管閩浙沿海水師的權力，再兼提舉市舶。就南宋的慣例而言，福建安撫使一向由福建路首邑福州的知州兼任，而且，福州知州多選用具有威望的高官，例如張浚等人都是宰相級別的官員。這對蒲壽庚而言，已是殊榮無比了。這位土生蕃客，儼然大宋朝廷的地方大員；其勢力之大，儼然泉州城的實際掌控者。雖然他並非泉州知州，但不少文獻記載都稱之為「太守」、「守郡者」。

蒲壽庚在泉州權勢熏天之際，延綿 300 多年的大宋王朝，卻已經到了風燭殘年。德祐二年（1276 年），元軍已兵臨臨安城下。二月初五日，在元軍統帥伯顏的精心策劃和操縱下，臨安皇城裏舉行了受降儀式。脫去了黃袍的小皇帝宋恭宗趙㬎（6 歲）率領文臣武將來到祥曦殿，宣佈正式退位，向蒙古人投降。然而，在元軍進駐臨安之前，風雨飄搖的南宋小朝廷為延續國祚，匆匆忙忙進封吉王趙昰為益王，令其判（職位高的官兼職位低的職務）福州；同時進封信王趙昺為廣王，令其判泉州。二王在臨安即將陷落時，由駙馬都尉楊鎮等護衛，出京師，經婺州（今浙江金華）去溫州。欲對宋室斬草除根的伯顏獲悉，派兵追去，卻未果而還。

德祐二年五月初一，益王在福州正式登基稱帝，即宋端宗，

改年號為景炎。結果他在福州登基僅半年，浙江境內的抗元戰役失利，元軍於當年十一月長驅直入福建北部，迫使端宗不得不乘船離開福州，抵達泉州。

按照慣例，新皇帝上任後，一般要給各位大臣升職，獎勵他們的擁戴之功。益王在福州稱帝時，所封將吏大多在福建西、北部的福州、建寧府、南劍州、邵武軍等地。其時，泉州實際上已經被蒲壽庚所控制，因此端宗南逃泉州後，應怎樣對待蒲壽庚立即成為一個問題。為了爭取蒲壽庚的支持，宋廷不惜加封蒲壽庚為福建廣東招撫使、「總海舶」，使其如願以償，成為名副其實的「海上總管」。當然，在當時兵荒馬亂的局面下，很難説蒲壽庚的權力就能伸及廣東，閩廣兩路招撫使的頭銜更多的是榮譽性的，苟延殘喘的宋廷無非是以官位籠絡以換取其忠心罷了。若是蒲壽庚肯效忠宋室，或許這一職務在以後也會名副其實，但這位土生蕃客、泉州的實權人物，或許就在海雲樓眺望自己的龐大商船隊之時，就已下定決心做出不同於此的選擇。

## 一個家族的絕響

# 蒲氏家族與大元的海上絲路

……（蒲壽庚）表降於元。賜爵鎮國，俾統州政。父子繼

世，恃寵專制，峻法嚴刑，以逞征科，人苦薰炎……

—— 《清源金氏族譜》


## 元朝的海上絲路

元朝疆域遼闊，武力強盛，統治者實行對外開放政策，非常
重視海上交通。元朝初年，忽必烈即多次派兵攻打日本和南海諸島
國。1274 年和 1281 年，元朝兩次出兵日本；1282 年出兵占城；
1283 年和 1287 年出兵緬甸；1285 年和 1288 年出兵安南（今越南
北部）；1292 年出兵爪哇；等等。這些征伐，一方面是蒙古統治者窮
兵黷武的本性使然，另一方面也是力圖恢復中國和東西方各國的聯
繫。結果，除日本外的東亞和東南亞地區一直和元朝保持着政治、

經濟聯繫，從而維護了印度洋以東海路的通暢。此外，元朝初年，元政府通過和南亞諸國結成友好關係，進一步疏通了印度洋及其以西的航道。公元 1279 年，忽必烈派遣廣東招討司達魯花赤楊庭璧等出使南亞地區。元代開放市舶貿易之初，就本着「損中國無用之貨，易遠方難制之物」的原則，鼓勵商人們大量進口海外貨物。《大德南海志》中關於海外貿易的重要性有載：「山海為天地寶藏，珍貨從出，有中國之所無。風化既通，梯航交集。以此之有，易彼之無，古人貿通之良法也。」

元代社會經商風氣很盛，上自王公貴族，下自細民百姓，都普遍從事商業活動。由於商品經濟浪潮的衝擊，元代民眾的思想觀念發生了變化，沿海地區的社會風氣也從重視男耕女織和讀書做官轉變為重視「舟楫」之利。江南松江府（今上海）一帶，宋時還是「文儒益光顯，冠帶相望」，入元「數十年來，習始變，舟楫極蠻島」。廣東沿海因海外貿易繁盛，「商民雜處，故禮讓之風少，而趨競之日滋」；再加上元朝統治者對人民的殘酷剝削，「民間破家蕩產，不安其生，致作販夫下海」，棄農耕趨販海的人越來越多，以求一搏。「海舶大者數百人，小者百餘人……舶船深闊各數十丈，商人分占貯貨，人得數尺許，下以貯物，夜臥其上。貨多陶器，大小相套，無少隙地。」

此外，較之宋代，元代中國的造船業又有了新的進步。宋代最大商船載貨五千石，而到了元代，載貨九千石的船已很平常。造船

中心泉州的造船技術更是令西方旅行者驚歎：船底有獨立隔艙，整船共有四層，每層除配有艙房、公用房、機房以外，還設有酒茶、水果等各項買賣區域，「公私房間極多，以備客商之用，廁所祕房，無不設備周到」。

因此，元代海外貿易有了空前的蓬勃發展。汪大淵曾說：「皇元混一聲教，無遠弗屆，區宇之廣，曠古所未聞。海外島夷，無慮數千國，莫不執玉貢琛，以修民職；梯山航海，以通互市。中國之往復商販於殊庭異域之中者，如東西州焉。」寥寥數語，海外貿易之盛況已躍然紙上。至元年間（1264—1294 年），元政府專門撥款十萬錠鈔用來建造海舶，專門管理海上貿易的機構——行泉府司，在世祖後期所轄海舶達 15000 餘艘之巨，由此可見元代官方海上運輸力量之雄厚。元代航海家運用多種先進的航海技術，如「針路」，即根據指南針在羅盤上的位置確定方向。據《馬可·波羅行紀》載，元朝使者曾兩次登陸馬達加斯加島，可見元代商船的航行海域已相當廣遠。意大利旅行家鄂多立克翔實而生動地描述了元代海上貿易的規模之盛，他在談到元代的廣州貿易時說：整個意大利的船隻數量都沒有這個城市的多。

## 市舶司的主人

在元代繁榮的海上貿易中，色目人扮演着十分重要的角色。所

謂色目人，指的是來自中西亞的各民族，他們在元代的民族等級制度中僅列在蒙古人之下，居於第二等。在蒙古人對漢地人民（包括北方金地的「漢人」與南宋舊地的「南人」）的統治中，色目商人往往充當元朝統治者的幫手而備受優待，「持璽書，佩虎符，乘驛馬，名求珍異，既而以一豹上獻，復邀回賜，似此甚眾」，並且操縱、控制海外貿易，凌駕於一般海商之上。元代色目海商成分複雜，既有久居中國華化程度較深的唐宋蕃客後代，也有隨蒙古人南下的中亞商人，還有新從海外招徠的各地商人，故其文化背景多樣，其中主要是操阿拉伯語及波斯語的穆斯林。

元代色目商人活躍於長江以南地區，尤其是江浙行省（包括現在的浙江、福建兩省和上海市及江蘇南部的廣大地區）。這一地區是元政府財政收入的重要來源地，其收入幾乎佔到全國的三分之一，其中海外貿易佔了很大比重，這與元代活躍於該地區的以色目人為首的海商有着直接的關係。20世紀初，杭州清波門曾發掘出三座穆斯林墓塚及一些阿拉伯文、波斯文墓碑，其中記載墓主信息的有6方，最早一方為公元1307年，最晚一方為1329年，俱是在元代。

在這些色目商人中獨佔鰲頭的自然是為大元征服福建建立功勳的蒲壽庚，他在泉州之勢力於元代亦達到鼎盛。降元的蒲守庚被授為昭勇大將軍，並任閩廣大都督兵馬招討使，後又遷任江西行省參知政事，甚至晉職左丞。蒲壽庚清楚地知道市舶司及海外貿易對於泉州港的重要性，因此，當元世祖忽必烈因多年用兵急需財力

時，他及時地給出恢復外貿的建議。立市舶司的倡議與忽必烈急於斂財之意一拍即合。元政府下令「立市舶司一於泉州，令忙古帶領之……每歲招集舶商，於蕃邦博易珠翠香貨等物。及次年回帆，依例抽解，然後聽其貨賣」。雖然蒲壽庚在元代兼任「提舉福建廣東市舶事」之職的時間很短（只有幾個月），但泉州的海上貿易仍舊掌握在他手中。

元初頒佈的《市舶則法》是中國古代最完整、最周密的一部外貿法則。在詔書中有「……今遣正奉大夫宣慰使左副都元帥兼福建道市舶提舉蒲師文……」之句，由此可見，蒲氏子承父業。按規定，當時出海船隻，須有市舶發牒以往，歸則征稅如制，其公驗、公憑由市舶司發給。伊本‧白圖泰在其遊記中說：「中國法例，凡船欲開行至外洋者，水上巡長及書記必登船來查。凡船上之弓手、僕役及水手皆逐一簿記後，方許放行。船歸中國，巡長復來盤查，對證前記。若查有與簿記不符，或有失落者，則例須船主負責。船主須證明失者已死，或逃走，或因他故不在船中之理由，不然則官吏捕之入獄。手續完後，則官吏命船長開具詳單，載明船上載有何貨，價值共有若干。完後，搭客方許登岸。至岸，官吏查驗所有。若查有未報官私藏之貨，則官吏將一切貨物及船隻概行沒收……余足跡遍天下，信異端之國，以至奉回教之國，僅於中國見有此不公平之事也。」這自然是蒲氏父子的得意手筆。

# 滿門官宦

從市舶司的建立到具體的運作，蒲氏父子起了很大的作用，使唐宋以來中國蓬勃開展的外貿事業發展到了頂峰。1284 年之後，史籍上再也見不到蒲壽庚的記載，但他的後裔依舊得享高官厚祿。其子蒲師文和蒲師武都被元朝授予高官，分別任正奉大夫宣慰使左副都元帥兼福建道市舶提舉和福建行省參知政事。蒲師斯被擢為翰林太史院官，蒲師孔「以蔭補承務郎監福州水口鎮」，蒲均文「詔為右諭德兼中書省知制」。後來蒲師文還繼任泉州市舶提舉，兼海外諸蕃宣慰使，仍然專事招徠外商來華。

當時，從泉州起航的中國商船常至波斯灣、紅海沿岸各阿拉伯國家做生意。派往海外的官本船多達 100 艘左右。輸出的商品主要為瓷器、絲綢、藥材、鐵、鐵器和燒珠。瓷器遠銷到大西洋沿岸的摩洛哥。絲綢也是出口大宗，五色綢緞風靡西亞、北非的阿拉伯國家。中國藥材運到波斯灣或經印度、亞丁灣運到埃及的亞歷山大港，供阿拉伯地區各地醫療上的需要。中國鐵深受阿拉伯人的歡迎。阿拉伯作家大馬士基（1256—1327 年）讚揚中國鐵是最好的。經濟力量強大的埃及卡里米商團在擴大中國商品市場方面起了重要作用，他們除了直接到中國販運外，還從事中國貨的轉口貿易。紅海南面的澤拉港（位於索馬里西北海岸頂端）是重要的阿拉伯人居住區，為埃及商人薈萃之地。中國商品運到澤拉港附近的薩阿德丁

島，再由埃及商人從此處轉到埃塞俄比亞和索馬里。

值得一提的是，至今廣泛存在於福建、廣東沿海及台灣一帶的「媽祖」崇拜也與蒲壽庚、蒲師文父子有關。媽祖本名林默，據宋代的史料記載，她是莆田湄洲一位普通民女。宣和五年（1123年）給事中路允迪奉使高麗，在東海遇險，為「女神」所救，使團中莆田人李振稱女神為媽祖，奏請朝廷後，徽宗詔以廟額「順濟」，自此媽祖成為欽定的海上保護神。由於人們在險象環生的航海過程中需要有一種精神力量的保護，才能獲取安全感和頑強的鬥志，因而，人們對媽祖的崇拜也越來越強烈。

至元十五年（1278年）八月十四日，元世祖忽必烈正式制封：「泉州神女，號護國明著靈惠協正善慶顯濟天妃。」這次制封即與半年前升任「行中書省事於福州，鎮撫瀕海諸郡」的蒲壽庚積極奏請有關。

到了至元十八年（1281年），新任「正奉大夫宣慰使左副都元帥兼福建道市舶提舉」的蒲師文，以「有司」的名義正式奏請媽祖為「護國明著天妃」。詔書說：「今遣正奉大夫宣慰使左副都元帥兼福建道市舶提舉蒲師文，冊封爾為『護國明著天妃』。」元世祖這兩次冊封，開啟了加封媽祖之先河。此後，幾乎歷代皇帝都有加封，祭祀儀式也越來越隆重，媽祖（天妃）廟遍佈沿海及運河兩岸。而蒲壽庚、蒲師文父子二人作為「信主獨一」的穆斯林，尤其在那個時代裏，能夠將道教天妃的信仰完美地與其他宗教、政治信仰結合起來——至少沒有矛盾衝突，的確是難能可貴的奇跡。

## 盛極而衰

但蒲氏家族終究是穆斯林。蒲壽庚的侄子（即蒲壽宬的次子）蒲日和就出資重修了泉州清淨寺。根據《蒲氏族譜》的記載：「日和字貴甫，壽宬公次子。秉清真教，慎言謹行，禮拜日勤。元至正間，清真寺損壞，里人金阿里與之共成厥事，重修門第，皆以大石板砌成之，極其壯麗。石匾額上鐫有文字，至今猶存。」在泉州，蒲氏權勢熏天，勢必帶來伊斯蘭教的興旺。留居當地的色目人數量比南宋時更多。泉州保留有大量阿拉伯人的墓碑，絕大部分是元代的。色目商人的勢力發展得很快，以致有不少當地人轉而遵其教，從其俗，成為「偽色目人」，所謂「色目人來據閩者，惟我泉州為最熾⋯⋯然其間有真色目人者，有偽色目人者，有從妻為色目人者，有從母為色目人者」。

這是色目人在泉州的黃金時代。然而，同在色目人中，亦有親疏遠近之分。蒲氏家族畢竟是唐宋以來落籍數代、在很大程度上已經華化的土生蕃客，相比之下，元代的蒙古統治者更加青睞在蒙古征服以後東來的中亞等地的色目商人。蒲氏集團的勢力在蒲壽庚去世之後逐漸從頂峰跌落。整個元代市舶提舉司基本被色目商人所壟斷，在擔任市舶司提舉的十餘名色目人中，繼蒲氏父子後，相繼有馬合謀、沙的、贍思丁、木八剌沙、哈散、倒剌沙、八都魯丁、亦思馬因、暗都剌、忽都魯沙等。從這些人的名字就可以看出，他

們屬於新來的色目商人集團。其中有一位馬合馬丹,他是當時泉州專事海舶貿易,且擁有雄厚經濟實力的西域大賈。至大元年(1308年),馬合馬丹竟以一個商人的身份得以遙授行省右丞、海外諸蕃宣慰使、都元帥,又領海道運糧都漕運萬戶府事,集海外貿易、海運糧食於一身,其權勢足以與元初的蒲壽庚相埒。元代中葉以後,蒲氏集團已是不如往昔,雖然在當時看來,距離衰敗還有很長的距離。

# 舶來的白銀如何導致大明帝國的滅亡？

金銀天然不是貨幣，但貨幣天然是金銀。

——卡爾‧馬克思

## 白銀「貨幣化」

在人類歷史的發展進程中，白銀同黃金一樣，憑其自身價值貴重而又易於保存的特性，很早就作為貨幣在中東、地中海地區得到廣泛使用。公元前 6 世紀，大流士一世統一了波斯帝國各地雜亂的幣制 —— 在歷史上第一次制定了統一的鑄幣制度 —— 其中就包括每枚重量為 5.6 克的銀幣：舍克勒。

而在遙遠的東方，卻是另一幅情景。白銀在中國成為貨幣要比西方晚得多。先秦時代貨幣種類繁雜，秦始皇統一六國之後，明確

規定「黃金以鎰名，為上幣；銅錢識曰'半兩'，重如其文，為下幣」，而白銀則和「珠玉龜貝錫」一樣，被視為「器飾寶藏」，不成為貨幣。此後的兩千年間，銅幣一直通行於世，其影響十分深遠，以致今天江浙一帶的老年人仍然習慣把紙製的鈔票稱為「銅鈿」；而深受中華文化浸淫的越南，其貨幣名稱「盾」，也是來源於漢字「銅」。

　　白銀在中國成為「錢」，還得算是到元朝。《元史·食貨志·鈔法》記載，元世祖忽必烈規定，中統元年（1260年）印行的紙幣「中統元寶交鈔」和「中統元寶鈔」，每二貫等於白銀一兩，紙幣的貨幣單位銅錢制的「貫」，可以直接換算成白銀制的「兩」，且銀鈔可以互易兌換。到了這時，可以說中國的貨幣在實現「領先一步」的「紙幣化」的同時，也終於實現了「姍姍來遲」的「銀本位」。

　　不幸的是，元朝「超前」的貨幣政策卻造成了災難性的結果。紙鈔的低廉成本和它「被規定」的相當數額的白銀價值之間的巨大利益空間引發了統治者的貪慾：一方面，元政府將各地鈔庫的白銀運往大都（今北京），使得「銀鈔可以互易兌換」成為一句空話；另一方面，由於長期的戰爭和統治者的揮霍，元朝的財政始終是入不敷出，忽必烈時代的至元年間（1264—1294年），財政收入尚且是支出的一半，到了末代皇帝元順帝時期（1333—1368年），財政支出居然膨脹到了財政收入的400多倍，也就是說，99%以上的支出要靠發行紙鈔來彌補！隨之而來的自然是天文數字般的惡性通貨膨

脹，以及財政破產導致的民怨沸騰。這也是導致元末農民起義的一個原因。

朱元璋建立大明帝國之後，下令禁用金銀交易。據《明會典》所載，明朝典章制度中只有「鈔法」、「錢法」，而無「銀法」。明朝沿用了元朝的紙鈔制度，但也很快重蹈覆轍，使得元代那種「無本無額有出無入之不兌現鈔乃復現於明代」。明太祖洪武八年（1375年）開始發行「大明通行寶鈔」時，規定紙鈔一貫可以兌換白銀一兩，到了 100 年後的明憲宗成化十三年（1477 年），要兩千貫紙鈔才抵得上一兩白銀，即紙鈔貶值為原來的 1/2000。此時，民間收付早已拒用「寶鈔」，明代行鈔也步元朝後塵，以徹底失敗告終。

但是，商品經濟的發展，使得中國歷史上長期沿用的銅錢面值太小、重量大、不便大量攜帶的缺點暴露無遺，《明太祖實錄》就已經承認「商賈轉易，錢重道遠，不能多致，頗不便」。此時在紙幣「寶鈔」出現惡性通貨膨脹的情況下，白銀的優點就顯現出來了。當時的人將白銀與黃金、米、銅錢、紙鈔做了比較：「凡貿易，金太貴而不便小用，且耗日多而產日少；米與錢賤而不便大用，錢近實而易偽易雜，米不能久，鈔太虛亦復有湮爛；是以白金（銀）之為幣長也。」因此，正統元年（1436 年），明廷終於決定將南直隸（今江蘇省、安徽省與上海市）等南方七省之夏稅秋糧 400 餘萬石米麥折銀徵收，共折銀 100 萬餘兩，名為「金花銀」。「金花銀」是白銀成為正賦之始，從而確定了它在大明帝國作為法定支付手段的地位。

到了隆慶元年（1567年），明穆宗頒佈詔令「凡買賣貨物，值銀一錢以上者，銀錢兼使，一錢以下只許用錢」，這也是明朝首次以法律形式肯定了白銀為合法貨幣，並把白銀作為主幣的貨幣形態固定下來。之後的萬曆年間（1573—1620年），張居正推行「一條鞭法」的改革，除了在長江三角洲地區仍徵收本色米，以供京師漕糧外，全國各地的田賦全部由征糧變為征銀，這標誌着帝國政府最終確立了「銀本位」，宣告白銀成為帝國商業活動中的「一般等價物」——也就是貨幣。白銀的「貨幣化」終於完成。從此以後直到1935年國民政府發行法幣為止，中國的貨幣一直處於「銀本位」的時期。

## 帝國「很差錢」

令人沮喪的是，雖然白銀在明朝中後期成了帝國的通行貨幣，可是大明帝國卻長期處於「很差錢」的狀況。其原因也很簡單——不同於紙幣理論上想印多少就可以印多少的情況，白銀數量的多寡取決於銀礦的儲量，而中國恰恰是一個銀礦貧乏的國家！

明代中國的銀礦分佈於湖廣、貴州、河南、陝西、浙江、福建、四川、雲南等多個行省，具體情況在宋應星的《天工開物》中有所記載：「凡銀中國所出，浙江、福建舊有坑場，國初或采或閉。江西饒、信、瑞三郡有坑從未開。湖廣則出辰州，貴州則出銅仁，河南則宜陽趙保山、永寧秋樹坡、盧氏高咀兒、嵩縣馬槽山，與四

川會川密勒山、甘肅大黃山等，皆稱美礦。其他難以枚舉。然生氣有限，每逢開採，數不足則括派以賠償……然合八省所生，不敵雲南之半，故開礦煎銀，唯滇中可永行也。凡雲南銀礦，楚雄、永昌、大理為最盛，曲靖、姚安次之，鎮沅又次之。」

據記載，天順四年（1460年）雲南省的白銀產量為10萬多兩，這個數字已經佔到了全國全部銀產課額（18萬兩）的二分之一還多。18萬兩是什麼概念？明代的度量衡制度，16兩為一斤，一斤折合現代596克。18萬兩也就是區區6.7噸。幅員遼闊的大明帝國，全國的年產銀量，今天用一輛東風廂式卡車就可以全部載走了。

更有甚者，長期開採導致銀礦儲量減少，而采銀的成本也在相應提高。浙江東部的一個銀礦，永樂時期（1402—1424年）可以年產7萬7000多兩，到了弘治年間（1488—1505年），年產量已經驟降到1萬兩出頭。萬曆帝稱得上是中國歷史上最「財迷」的一位皇帝，為了開採金銀，竟鬧到「無地不開，中使（即太監）四出」的境地。即便如此，根據當時的真、保、薊、永開礦太監王虎的報告，從萬曆二十四年到三十三年（1596—1605年），一共只采到金557兩，銀92642兩，平均下來每年也就1萬兩左右，同時「歷年開礦所費工值、物料，亦至十餘萬」，實在是得不償失的賠本買賣。

俗話説：「物以稀為貴。」同有限的產能形成強烈反差的是對白銀需求量的急劇增加。明代中後期商業市場擴大、商品流通量增大都需要大量的白銀進行周轉，再加上中國民間常有積攢金銀或用金

銀打製首飾的習慣，國庫也需要儲備金銀，富人與貪官污吏更是忙着聚斂金銀財寶⋯⋯結果白銀的價值（或購買力）越來越大，以致在 16 世紀中後期出現了「銀荒」：「夫天地之間惟布帛菽粟為能年年生之，乃以其銀之少而貴也，致使天下之農夫織女終歲勤動，弗獲少休，每當催科峻急之時，以數石之粟、數匹之帛不能易一金」，「今天下之民愁居儡處，不勝其束濕之慘；司計者日夜憂煩，惶惶以匱乏為慮者，豈布帛五穀不足之謂哉？謂銀兩不足耳。」

## 舶來的白銀

面對如此「銀荒」，即便是在帝國境內掘地三尺挖礦采銀亦不過是杯水車薪。有道是「窮極思變」，在這種情況下，人們很自然地將眼光投向了海外。隆慶元年（1567 年），也就是法律確立「銀本位」的同一年，明朝政府在福建省漳州府的月港（今屬龍海市）開放海禁，「准販東西二洋」。帝國屬行 200 年之久的海禁政策終於被打破。在隨之而來的海上貿易的熱潮中，大量的白銀開始源源流入中國。

1492 年哥倫布「發現新大陸」是衝着《馬可・波羅遊記》裏那句「東方遍地是黃金」去的，「黃金一詞是驅使西班牙人橫渡大西洋到美洲去的咒語，黃金是白人踏上一個新發現的海岸時所要求的第一件東西」。不過，到了 16 世紀中葉，歐洲殖民者的目光轉而投向

了白銀，原因是西屬拉美殖民地的銀礦產量極其豐富。自從 1557 年西班牙人巴爾托洛梅奧‧德‧梅迪納將一種便宜的、簡單使用水銀和鹽以提煉低含銀量礦石的煉銀法 —— 汞齊化法（amalgamation）介紹到新大陸，並於 1571 年在美洲白銀的第一個重要的來源地 —— 今屬玻利維亞的波托西（Potosí）銀礦投入使用後，美洲白銀產量劇增。1581—1600 年，僅波托西銀礦的年產量就多達 25.4 萬公斤（約合 680 萬餘兩），約占世界同期銀產量的 60% 還多。

　　據統計，16 世紀時，西屬秘魯（包括玻利維亞，當時稱上秘魯）的銀產量佔全世界銀產量的 61.1%，西屬墨西哥占 12.1%，合計 73.2%；到了 17 世紀，秘魯占 63%，墨西哥占 24.1%，合計 87.1%。也恰恰是在波托西銀礦產量劇增的同一年，1571 年，明朝的太倉歲入銀突然從長期停滯的 230 萬兩猛增到了 310 萬兩！顯而易見，是大量的美洲白銀通過馬尼拉（也是在這一年成為西屬菲律賓的首府）的轉口貿易填滿了大明帝國的國庫。其原因在於，與同期的外國相比，中國的銀價要高出許多。1560 年，歐洲的金銀比價是 1：11，西屬墨西哥是 1：13，而中國僅為 1：4。也就是說，把美洲銀圓運到中國來，什麼都不用幹，光轉手倒賣便可賺取 3 倍的利潤！

　　美洲之外，當時世界上另一個主要的白銀產地是與大明帝國一衣帶水的日本，所謂「日本無貨，只有金銀」。16 世紀正值日本的戰國時期，各地的大名（即諸侯）為了擴充自身實力，積極開發金銀礦。結果，在很短的時間裏，有 50 多個金礦與 30 多個銀礦發展

起來，日本的貴金屬產量顯著增長。到 16 世紀末，其白銀產量一度占世界總產量的 1/4。僅佐渡島（現屬新潟縣）上的銀礦產量，就可達每年 6 萬公斤（合 162 萬兩）。17 世紀初期，日本每年出口白銀多達 15 萬公斤（合 400 萬兩）！儘管對倭寇之亂記憶猶新的明廷不許中國商民前往日本貿易，但這些銀兩最後依舊通過複雜的貿易網絡進入了中國。

與從海外輸入的巨量白銀比起來，明朝國內生產的白銀顯得微不足道。當時，一艘西班牙大帆船從墨西哥阿卡普爾科（Acapulco）港運往西屬菲律賓首府馬尼拉的用於對華貿易的白銀一般為 1.8 萬公斤，合明制 48 萬兩，僅此就遠遠超過了大明帝國一年的白銀產量，也因為如此，當時的人們甚至把這樣的西班牙大帆船稱為「銀船」。僅在 1597 年，從阿卡普爾科運到馬尼拉的白銀就多達 34.5 萬公斤（合 930 萬兩），相當於明朝國內半個世紀的白銀產量！從 1571 年到 1644 年，借由大帆船從美洲運往中國的白銀總量多達 7620 噸，約合明制 2 億兩！海量的美洲白銀的輸入，使得墨西哥銀圓「比索」（1 比索約為 0.72 兩）日益在中國市面流通。到了 19 世紀，比索竟成為市面上被普遍接受的銀幣。甚至到了民國初期，歷屆北洋政府還都按照比索的重量和成色鼓鑄銀圓（俗稱的「袁大頭」），此是後話。

# 大商帆貿易

在白銀大量流入的同時，中國的貨物，如茶葉、瓷器，尤其是絲綢，也在大量出口，這樣便形成了一個巨大的貿易網絡，主要涉及三條航路：美洲——馬尼拉——中國、歐洲——果阿（今屬印度）——馬六甲——中國、日本——東南亞——中國。作為三條航線終端的日本、美洲和歐洲，均為中國白銀的來源地。其中，日本和美洲是白銀的出產地，而歐洲主要是美洲白銀的中轉地。建立在這種供求關係上的市場，確立了白銀的世界貨幣地位 —— 正是中國的白銀貨幣化，促使白銀的世界貨幣職能得到了全面實現。

同歷史上以駱駝隊穿越亞洲腹地大沙漠的絲綢之路相比，此時的世界貿易舞台移到了廣闊的大海，大航海時代的海上絲綢之路上的主角變成了大帆船。

就在隆慶元年（1567年）明朝當局正式開放海禁，准許人民從月港前往海外貿易之後不久，在西班牙人發現用在美洲像石頭一樣便宜的白銀來採購中國的手工業品是「世界上最有利的貿易」的同時，精明的中國商人也發現，到馬尼拉出售中國產品，利潤極為豐厚。明代泉州籍的內閣大學士李廷機說：「而所通乃呂宋諸番，每以賤惡什物貿其銀錢，滿載而歸，往往致富。」崇禎年間的《海澄縣志》更明確記載：「輸中華之產，馳彼遠國，易其方物以歸，博利可十倍。」正因如此，中國商船為墨西哥銀圓所誘，從月港大量湧向

馬尼拉。明末對馬尼拉的貿易是中國對外貿易中最有利的一部分，也是當時南海上貿易利潤最高的一條航線。

中國商船對馬尼拉的「供應」包羅萬象，諸凡吃的、穿的、用的、必需品、奢侈品、裝飾品、觀賞品、遊戲用品等等，無所不有。此中麵粉一項，由於菲律賓不產小麥，而成為西班牙殖民者唯一的面食來源。一位在 17 世紀 40 年代到馬尼拉貿易的英國代理商就說過：「如果沒有華人把他們國家的糧食帶到這裏來，這些西班牙人即將挨餓。」棉麻疋頭也為西屬殖民地土著居民所普遍消費，菲律賓群島的土著居民因為使用中國衣料，甚至放棄了自己紡紗織布的傳統工藝技術，以致西班牙人哀歎「中國商人收購菲律賓棉花，轉眼就從中國運來棉布」。棉布已成為中國在菲律賓銷路最大的商品。

美洲的西班牙殖民者原本都生活在歐洲社會的底層，譬如征服印加王國的弗朗西斯科·皮薩羅就是一個根本不會寫字的文盲。但是這些殺人越貨的亡命之徒，或者鼠竊狗偷的遊手好閒之輩，到了美洲殖民地之後，一個個卻都以上等人自居，紛紛自封了一個「唐（Don）」的貴族稱號；為了顯示其統治者的派頭，都穿上綢緞，衣冠楚楚，梳妝打扮成「紳士」模樣。不僅西班牙殖民者如此，就連西班牙和土著印第安居民的混血種人（麥士蒂索人），也要穿上綢緞以炫耀其高人一等的出身。衣着如此，公共建築如官署、教堂、修道院等等，官員、富商等頭面人物的私人宅第、別墅等等，也都

必須用絲織品裝飾得富麗堂皇。由於久負盛名的中國絲織品物美價廉，在秘魯的價格僅是西班牙產品的三分之一，美洲殖民地甚至西班牙本土的市場也迅速被從馬尼拉開往阿卡普爾科的西班牙大帆船運去的中國絲織品所佔領。而西班牙人除了白銀，根本拿不出什麼東西可以向中國出口 —— 此時的西方殖民者還沒有「聰明」到用一種毒品（鴉片）來平衡貿易，更沒有強大到可以用武力打開中國的大門。簡單而言，中國與西班牙殖民地的貿易關係，就是（中國）絲綢流向菲律賓和美洲，白銀流向中國的關係。

## 危機與滅亡

到 17 世紀 30 年代，絲 —— 銀貿易已經進行了 60 年。然而好景不長，就在大明帝國的經濟體系已經依賴大量舶來的白銀來解決國內「銀荒」的時候，危機發生了。三條主要的白銀輸入航路（美洲—馬尼拉—中國、歐洲—果阿—馬六甲—中國、日本—東南亞—中國）幾乎同時被突發事件阻礙了。

1639 年 11 月 19 日至 1640 年 2 月 24 日，嫉妒菲律賓華人在商業上成功的西班牙殖民者在 17 世紀裏第二次（但不是最後一次！）對馬尼拉的華人舉起了屠刀，大約 2.2 萬至 2.4 萬華人被害 —— 當時在菲律賓的華人總數也只有三四萬，「有幾條河裏的水被屍體污染得不能食用達六個月之久⋯⋯河裏的魚是吃人肉長肥了的，所以

人們連魚也不能吃」！受這次血腥屠殺的影響，1640 年去馬尼拉交易的中國船隻從上一年的 37 艘驟減到 11 艘，直到明朝滅亡的 1644 年，前往馬尼拉的中國商船都沒有恢復到 1639 年大屠殺前的水平。通過這條貿易路線輸入中國的美洲的白銀數量因此也大受影響。

島源之亂後，驚魂未定的第三代幕府將軍德川家光在第二年（1638 年）就下了第五個，也是最為嚴厲的「鎖國令」，徹底斷絕了與澳門的葡萄牙船隻的貿易往來，僅開放長崎給中國、荷蘭船隻貿易。德川幕府從此開始長達 200 多年的「鎖國」時期，幾乎對外部世界關上了日本的大門，也大大減少了白銀的對外出口。

「屋漏偏逢連夜雨」，剩下的一條航路不久也宣告受阻。1641 年，荷蘭駐巴達維亞（今雅加達）總督安東尼奧・范・迪耶曼奪取了葡萄牙在東方最重要的據點馬六甲。隨着馬六甲的易手，歐洲—果阿—馬六甲—中國航線中斷，輸入中國的白銀量隨之驟然跌落。

就在海外白銀輸入量大跌 ——從 1636 年到 1640 年五年間 572.8 噸（合 1540 萬兩）下降到 1641 年到 1645 年五年間的 248.6 噸（合 668 萬兩），下降率超過了 55％ 的時候，大明帝國卻正像一個失血過多的病人一樣急迫地需要白銀的「輸血」。

自從 1618 年努爾哈赤以「七大恨」起兵之後，滿洲八旗鐵騎步步緊逼，山海關外的戰事日益耗費着帝國大量的軍餉；1628 年起爆發了大規模農民起義，李自成、張獻忠縱橫中原數省，更使得明廷的軍餉開銷猛增。為了支付關內外兩條戰線上的巨額軍費，明廷只

得飲鴆止渴，連續增稅，到崇禎年間「遼餉、剿餉、練餉」已經達到 1500 萬兩以上，竟然是正常賦稅額的 3 倍！而百姓負擔的加重，則比所顯示的表面數字更為嚴重。

在絲──銀航路沒有受阻的 1639 年，1 兩白銀兌換 1500 文銅錢，而短短一年後的 1640 年，1 兩白銀已經可以兌換 3000 文銅錢！由於實行「一條鞭法」之後，朝廷的賦稅需要用白銀繳納，而原本就只能勉強維持溫飽的大量佃農手中沒有銀子，只能用銅錢去兌換白銀然後繳稅。銀銅比價上升一倍，也就意味着在稅額（以白銀計算）不變的情況下，繳納的銅錢多出了一倍。在這種情況下，明廷不但沒有（也無法）減少稅額，反而變本加厲加上了「三餉」，普通農民的實際負擔頓時變成了原先的 8 倍！

偏偏此時中國又遭遇了一場 500 年一遇的特大旱災，旱區中心所在的河南省連旱 7 年之久（1637—1643 年），其中又以 1640 年旱情最為嚴重。雖然旱災「僅」使得以白銀計算的糧價上漲了 5 倍，但若是同樣算上銀銅比價的變化，百姓為了購買同樣數量的糧食卻要付出 10 倍於原來的銅錢！稅負猛增加上糧價暴漲，走投無路的農民除了參加「流寇」，除了「迎闖王，不納糧」（這個口號恰恰也是在 1640 年提出的）之外，實在是沒有其他的選擇了。

誠然，明朝是在社會急劇變化──外有八旗強敵，內有農民起義──以及「小冰河期」的自然災害造成的多重危機中滅亡的，不大可能找到導致大明帝國滅亡的單一「元凶」。但是或許可以這樣

説，舶來的白銀在大明帝國走到生死關頭時的驟然減少，猶如拔去了正在負重登山的人的氧氣面罩，毫無疑問地加劇了瀕死的大明帝國面臨的困境。

## 大明王朝的拿來主義

# 從「佛朗機」到「紅衣大炮」

火藥是當今國人引以為豪的「四大發明」之一，中國也
是最早將火藥用於軍事的國家。可惜，到了 16 世紀，
西洋人的火器技術已經後來居上，促使大明王朝務實地
採取了「拿來主義」的策略，於是，便有了「佛郎機」
與「紅衣大炮」在中國的傳奇……

## 船堅炮利的西洋人

早在明朝初期，軍隊的火器配備已初具規模。到了成化年間
（1465—1487 年），明軍步兵中使用火器的士兵已佔到編制總數的
三分之一。所謂「火器之為利也，迅如雷霆，疾如閃電」，當時的
明朝人一度頗帶幾分得意地宣告「中國之長技莫過於火器」。但如此
「長技」僅僅是相對「只識彎弓射大雕」的草原遊牧民族而言，至 16

世紀（明朝中期），當大明帝國遭遇沿着新航路東來的西歐殖民者時，天朝赫然發現對手手中的火器早已青出於藍而勝於藍，凌駕於火藥的母國之上了。從這時起，西洋人「船堅炮利」的夢魘，竟在中國海疆徘徊了數百年之久。

大明正德十二年（1517 年），在一支由 4 艘帆船組成的護航艦隊的護送下，葡萄牙派往中國的首位使臣托梅・皮雷斯（Tome Pires）抵達廣州。為了向中國人民表達敬意，對東方禮儀茫然無知的葡萄牙艦隊指揮官費爾南（Fernao Peres de Andrade）按照歐洲慣例下令升旗鳴炮，卻被廣州人誤認為是要開炮滋事，致使「放銃三個，城中盡驚」。經過一番煞費周折的解釋，明朝官員方才疑雲漸消，肇事的葡萄牙人也因此受到中國方面的格外關注。

對於這些初來乍到的不速之客，明朝官方的第一印象是三句話：「性凶狡」，海船「底尖面平」、「無風可疾走」，以及印象最深刻的「善大銃」。「銃發彈落如雨，所向無敵。其銃用銅鑄，大者千餘斤，因名曰佛郎機。」所謂「佛郎機」，原本系明朝對葡萄牙和西班牙的稱呼，隨後也用來稱呼這種「自古兵器未有出其右者」的新式火器。

當時中國國產的各種火器，不論輕型的火銃抑或重型的「將軍炮」，都有共同的缺點：第一，前裝式，火藥、彈子從筒口裝入；第二，「發莫能繼」，一發打放後要等待炮筒冷卻才能繼續裝入火藥和彈子，連續打放的次數多了還會引起銃管爆炸。這使得火器在實

戰中應用的局限性很大，「恐遇風雨或敵人猝至，必致誤事」。相比之下，佛郎機就顯得「高大上」得多，作為一種流行於 15 世紀末至 16 世紀前期的歐洲早期後裝炮，其最妙之處就是採用母銃銜扣子銃的結構，較好地解決了管內閉氣問題。將裝有火藥和彈子的子銃放入母銃膛內發射，這就避免了銃膛與火藥、彈子直接接觸而發生爆炸，母銃的管壁加厚，能夠承受較大膛壓，也保證了發射安全。由於子銃是單個的，可以發射一個子銃後換上另一個。幾個子銃迅速更換，就能形成「彈落如雨，所向無敵」的巨大殺傷力。佛郎機炮的母銃不僅炮身兩側安設炮耳，便於在炮架上安放、轉動，而且還配備準星、照門，使射擊的準確性大為提高。

　　好在當時的大明朝廷與士人都還沒有愚蠢到將威力遠勝中國傳統火器的佛郎機視為西洋人的「奇技淫巧」的地步。1522 年 8 月，5 艘葡萄牙艦船在珠江口外進行挑釁，被明軍擊敗，2 艘艦船及 20 多門佛郎機炮被明軍繳獲。對佛郎機的威猛火力印象深刻的廣東地方當局立即上奏嘉靖皇帝，請求「頒其（佛郎機）式於各邊，製造禦虜」。朝廷的反應同樣迅速，當年工部軍器局就製造大樣佛郎機銅銃 32 副，發各邊試用。在佛郎機傳入中國的不長時間裏，明代朝野已將其視作禦敵利器，山寨的佛郎機遂以極快的速度裝備明軍。到嘉靖中期，甘肅邊防已有佛郎機炮車 1159 輛，寧夏 1000 輛，固原 128 輛，大同 1000 輛，僅此四處就配備佛郎機 3287 架。所謂「火器之中，佛郎機尤為便利。邊關之地所以自衛攻敵者，惟此是恃

也」。明朝水師也同樣大量裝備佛郎機，如福船裝備大佛郎機6座，海滄船裝備大佛郎機4座，蒼山船裝備大佛郎機2座。福船之上有五甲兵士，第一甲專用佛郎機；海滄船有四甲兵士，第一甲專用佛郎機和鳥銃（仿自西歐的一種火繩槍）；蒼山船有三甲兵士，第一甲同樣專用佛郎機、鳥銃。

## 佛朗機揚威平壤城

從嘉靖至萬曆年間，明軍大概裝備了四五萬門佛郎機。最初的佛郎機母銃都用銅製造，為的是保證其體輕便於移動，後來由於銅的價格昂貴及鐵的廉價和易得性，明朝國產的佛郎機逐漸趨向使用鐵作為材料。子銃一般均為熟鐵打造，這樣抗膛壓能力更強，而且減輕了對母銃的膛壓。後來一度出現過木製的佛郎機。作為明軍最重要的火器，本土化的佛郎機種類繁多，大到千餘斤的「無敵大將軍」，中到幾百斤的普通佛郎機，小到十幾斤重的萬勝佛朗機和馬上佛郎機，各個類別都已具備，成為明朝對內對外戰爭中非常倚重的「長技」。嘉靖時期的著名學者、軍事家唐順之曾給明軍列裝的主要兵器明確排序：「兵技，第一大佛郎機，其次鳥（嘴）銃，又其次弓矢。」在東南沿海主持過抗倭鬥爭的胡宗憲也認為：「城守之器，佛郎機……最利，弓弩次之，到用刀斧是最下策矣。」

萬曆年間的抗倭援朝戰爭，可以說是明朝火器的大展示。1593

年1月27日，應朝鮮方面的請求，明總兵官李如松奉命率近4萬明軍渡過鴨綠江，入朝參戰。這支軍隊，攜帶着當時令人歎為觀止的16世紀頂級火器裝備。

援朝明軍分南軍、北軍系統。南軍主要使用鳥銃，戚繼光認為：「諸器之中，鳥銃第一。」一名鳥銃手攜帶鳥銃一支，鉛子（子彈）200枚、火藥4斤、火繩3根。一個齊裝滿員的南軍步兵營2700人中，鳥銃手達1080人之多，占編制總數的40%。至於北軍，則使用國產的三眼銃。相傳崇禎帝在李自成農民起義軍攻破北京內城後，也是手持三眼銃作為防身武器，足見其在明代火器中的地位。按照時人的説法，「鳥銃宜南而不宜北，三眼銃宜北而不宜南」。鳥銃須用手持，且風猛會將信藥吹散，因此不適於氣候寒冷、風大的北方；而三眼銃是由三支鐵製單銃呈品字形箍合而成，銃口有突起外緣，有道鐵箍加固銃身，三銃共享一個藥室，因此以火繩引燃火藥後會三銃齊射或連射，有效射程在34步左右，且彈藥射畢，還可以「執此銃以代悶棍」擊打敵人，非常適合北軍尤其是騎兵使用。

在明軍裝備的諸多火器中，最為引人注目的仍舊是舶來的佛郎機。入朝明軍所用的被稱為「大將軍炮」的重型佛郎機長1.4米，口徑110毫米，重達1050斤，每門配子炮3個，輪流發射，「一發五百子，擊寬二十餘丈，可以洞眾」，威力着實驚人。

從這場起始於壬辰年（1592年）的戰爭一開始，火器便成為戰

爭舞台上的主角。日本侵略軍擁有當時獨步東亞的火繩槍（稱為「鐵炮」）技術，用這種前膛裝的火繩槍來對付武備廢弛的朝鮮李朝軍隊自然綽綽有餘，僅用了兩個月時間，日軍就從朝鮮半島南端的釜山打到了平壤。尤其是在 1592 年 7 月 19 日的平壤之戰中，日軍為掩護攻城部隊，用鐵炮射殺城牆上的朝鮮守軍，守城士兵因所用弓弩的射程不及火繩槍，紛紛敗退。李朝名臣柳成龍感慨日軍鐵炮：「其致遠之力，命中之巧，倍蓰於（朝鮮）弓矢……來如風雷，其不能當必矣。」日軍遂輕取平壤。

轉眼到了翌年 2 月 8 日，輪到明朝援朝大軍對日軍盤踞的平壤城發起反攻。此戰之中，日軍在城牆上做土壁，多穿射孔，望之如蜂巢，用鐵炮從射孔向外發射彈丸，令明軍傷亡甚眾；而明軍則利用重型火器上的絕對優勢，用將軍炮（120 門）與虎蹲炮（20 門）等火炮猛轟平壤城。將軍炮「一發決血渠三里」，草枯數年，「頃刻間爆炸聲震天，焰煙蔽空……日方糧庫、彈藥庫悉中炮燃燒，兵營工事相繼被毀」。鐵炮在真正的大炮面前猶如螳臂當車，毫無還手之力；這迫使遭受重大損失的日軍喪失作戰信心，主動退出平壤。此戰充分表現出火器的優越性，而敵對雙方的火器亦分出了高下，明軍的大炮完全壓倒了日軍鐵炮，顯示了強大的威力。朝鮮《李朝實錄》記載了朝鮮宣祖國王李昖與其臣下李德馨進行的一番意味深長的問答，李昖問道：「銃筒（指日本人的鐵炮）之聲，不與天兵（指明軍）之火炮同耶？」李德馨回答：「倭銃之聲，雖四面俱發，而聲

聲各聞；天兵之炮，如山崩地裂，山原震蕩，不可狀言。響徹天地，山岳皆動⋯⋯」李昖遂讚歎道：「軍勢如此，可不戰而勝矣！」這可以說是對佛郎機的至高褒獎了。

## 紅夷大炮

就在明朝的佛郎機在朝鮮戰場逞威時，西歐國家的火器製造技術又一次實現了飛越。17世紀初「海上馬車伕」荷蘭人來到東亞後，中國人的眼界又為之一變。萬曆二十九年（1601年），荷蘭人「挾二巨艦」突襲澳門，其炮艦規模着實震撼了不少中國人，王臨亨在《粵劍編》中就以「其舟甚巨，外以銅葉裹之，入水二丈」來描述荷蘭戰船的高大堅固。在當時的中國人看來，荷蘭人「所恃惟巨舟大炮⋯⋯下置二丈巨鐵炮，發之可洞裂石城，震數十里」，威力令當時已經被明朝軍隊普遍使用的佛郎機相形見絀，明兵部為之驚呼：「我雖有利刃，勿可與敵；雖有銳兵，勿可與戰。」而時任福建巡撫黃承玄乾脆用「以卵擊石」來形容中荷雙方的裝備差距。

由於當時的荷蘭人被稱為「紅（毛）夷」，這類大炮也就被稱作「紅夷大炮」了。所謂紅夷大炮，實際是前裝滑膛炮，口徑大多在100毫米以上；多係鐵炮，也有銅製，重量從70斤至1萬斤不等。彈藥前裝，重量較大，可達數斤至十數斤不等。彈丸是由石、鐵、鉛等材料製成的球形實心彈，以直接撞擊目標而起破壞作用。其炮

管鑄造極為複雜，採用整體模鑄法，使所鑄之炮的質量提高。紅夷炮由車運載，可以任意奔馳。炮身的重心處兩側有圓柱形的炮耳，火炮以此為軸調整射角，配合火藥量改變射程。炮身上裝有準星、照門，依照拋物線來計算彈道，射程可達四五里至七八里不等，殺傷力較大。

當時的明朝軍政人物大多是以讚賞、欣羨的態度來看待紅夷大炮的。徐光啟在天啟元年（1621年）七月一封奏疏中寫道：「夫兵器之烈，至一發而殺百千人，如今日之西銃極矣，無可加矣。」明朝史學家茅瑞征則把佛郎機銃法當作「常技」看待，文學家沈德符更視佛郎機為「笨物」，足見佛郎機在明末火炮中的重要性已經降至紅夷大炮之下了，而一場頗有聲勢的引進、仿製紅夷大炮的軍事變革也在明末推廣開來。

雖然明軍在與荷蘭人的衝突中也繳獲過紅夷大炮，但為數甚少。明朝引進紅夷大炮的對象還是葡萄牙人。1557年，葡萄牙人以「船遇風暴，貨物被水浸濕，請求借地晾曬貨物」為藉口獲得了在中國澳門的居留權。葡萄牙人為了使自己的居留合法化，不僅在經濟上向明廷繳納每年2萬兩銀子的稅金和500兩地租銀，而且在政治上不放過任何一個結好明朝當局的機會，除對廣東地方官進行不間斷的饋贈和賄賂外，還曾出動艦船幫助明政府鎮壓叛兵以示恭順。另外，葡萄牙人在澳門的軍事工業也比較發達，為了防止西班牙、荷蘭等殖民對手的侵奪，澳門的葡萄牙當局除在澳門各處建有大小9

座炮台外，還建有被在東亞的葡萄牙人稱為「世界上最好的鑄炮工廠」的葡加勞鑄炮廠。該炮廠製造了大量的各式銅鐵大炮，使澳門成為東亞最著名的鑄炮基地，這就為明朝引進紅夷大炮提供了技術上的便利。

1621 年，明朝的欽差大臣持兵部檄文往澳門聘請炮師和購買火炮，最終從葡萄牙人那裏購得了 26 門紅夷大炮，並配有西人頭目 7人、翻譯 1 人、服務人員 16 人及葡兵百人，一道帶往千里之外的北京。1623 年 4 月，葡萄牙人在京營首次演示這種新式武器，但很不幸的是，發生了一起膛炸傷人的意外（這在早期火炮史上並不少見），迷信的明朝官員認為這是不吉之兆，於是將葡萄牙人全部遣返澳門。但紅夷大炮顯示出的強大威力令明廷無法拒絕，此時其正因崛起的後金之咄咄逼人的攻勢而焦頭爛額，11 門紅夷大炮隨即被調往明軍東北前線的山海關和寧遠，剩下的大炮則被用於防衛京城。

不過，從澳門購置大炮，不僅數量有限，而且路途遙遠，價格高昂，畢竟不是長遠之策，因此明廷決定在購置的同時學會仿製，以滿足戰場上的需要。但當時明朝仿製者未曾完全掌握紅夷大炮製造工藝之精華，以至土法上馬的仿製品質地與性能皆不合格。明朝只能求助於在中國的西方天主教耶穌會傳教士 —— 當時唯一的引進西方科技的渠道。

耶穌會傳教士來到中國的目的是傳播上帝的福音，但是比起教義，「敬鬼神而遠之」的中國人顯然對他們帶來的科學技術更感興

趣。著名的傳教士湯若望於 1622 年抵達中國，次年因成功地預測三次月食而聲名大振。儘管他自己坦誠對鑄炮技術的了解都是來源於書本，還沒經過親身實踐，但還是在教友徐光啟的推薦下被明廷委以重任。1633 年，朝廷成立鑄炮廠，由湯若望負責監製。在這期間，其製成的火炮有 20 門，口徑足以容納下 40 磅的彈藥；其製成的長炮，每一門都需要兩個士兵或者是一頭駱駝才能搬運。到 1639 年，湯若望更是在紫禁城旁設立鑄炮廠，鑄成 20 門性能良好的西洋火炮，緊接着又成功造出 500 門各種類型的西洋火炮，炮重從 100 斤到 1200 斤不等，成果蔚為可觀。

## 「憑堅城，用大炮」

紅夷大炮進入明朝人的視野沒多久，努爾哈赤在東北建立後金，起兵反明。1619 年，分兵四路的明朝征討大軍在薩爾滸之戰一敗塗地，令明廷朝野為之震驚。面對後金政權咄咄逼人的攻勢，以精通西學的徐光啟為首的一些大臣早就意識到，「可以克敵制勝者，唯有神威大炮一器而已」，而紅夷大炮果然也不負眾望。

1626 年 2 月，起兵以來戰無不勝的努爾哈赤率領麾下 13 萬八旗勁旅抵達寧遠城下。此時的寧遠守將袁崇煥之前從沒有上過戰場，手下也只有不足 2 萬守軍。無論是從既往的戰績還是兵力的對比來看，這場戰事的結局似乎都不會有什麼懸念。但是，寧遠城裏

的袁崇煥卻與城外的努爾哈赤一樣自信，他的王牌就是寧遠城內的紅夷大炮，不是1門，而是整整11門！勝負的天平就此傾斜。

當時的後金軍隊對付明軍原有的火器已有了應對之術。在野戰中，明軍把火炮安排在陣前，後金則採取戰車與步騎相結合的「結陣」方法，即陣前佈楯車，車前擋以五六寸厚的木板，再裹上生牛皮。車裝有雙輪子，可以前後駛動。此車專對付明軍的火器。在楯車後一層是弓箭手，再後一層是一排小車，裝載泥土，以填塞溝塹，最後一層是鐵騎，人馬皆穿重鎧，號「鐵頭子」。戰鬥開始，騎兵並不出擊，往往用楯車抵擋一陣，等明軍發完第一次火器，未及續發第二次，他們就突然奔騎而出，如一股狂風刮過來，分開兩翼，向明軍猛衝，霎時間，就把明軍衝得七零八落。薩爾滸之戰就是一個很好的例子，1619年（萬曆四十七年，天命四年）三月初四下午，與東路明軍協同作戰的朝鮮鳥銃兵13000人同滿洲八旗兵在富察地方遭遇，據在場的一個朝鮮軍官描述：「煙塵中敵騎大至，勢如風雨，展開兩翼，遠遠圍抱而來，夕陽下但見射矢如雨，鐵馬進退，瞬息之間，兩營全遭覆滅。」朝鮮軍中訓練有素的火槍手在迅疾而至的鐵騎衝擊下竟絲毫沒有發揮威力。

至於後金軍隊攻城的時候，第一批攻城部隊會使用牌（楯）車，後面跟着在弓箭手掩護下攜帶雲梯的登城隊。利用牌車抵抗住明軍首輪火器的機會，雲梯於頃刻間架上城頭，不等明軍第二次開火，後金的先鋒已經登上城牆。從遼陽到廣寧，在遼東戰場上，這套戰

術屢試不爽，但在 1626 年的寧遠城下卻遇到了克星。佈置在寧遠城頭的 11 門紅夷大炮，射界覆蓋城池周圍所有的地面。大炮「循環飛擊……每發糜爛數重」，炮彈發射釋放的濃煙密佈數里，「每用西洋炮則牌車如拉朽」。當後金軍隊接近城牆時，又遭到城東南和西南兩角銃台火炮的交叉射擊，死傷慘重。明軍發射一炮可以轟倒 100 多人，城外的後金軍隊屍積如山。按照當時在中國的耶穌會傳教士的說法，「（後金軍）不清楚這種新的發明，蜂擁而前，遭到鐵家夥的重創，登時他們就作鳥獸散」。雙方激戰 3 日，後金軍隊在西洋大炮、中小型火炮及其他火器射擊下，傷亡 1.7 萬餘人，攻城器械盡成廢物。寧遠之戰令後金遭遇政權建立以來的第一次重創，努爾哈赤的不敗威名竟被紅夷大炮擊得粉碎。努爾哈赤本人鬱忿成疾，8 個月後便死去。

在寧遠之役一炮打響的紅夷大炮令明廷喜出望外，明廷很有時代特色地將一門立功的大炮封為「安國全軍平遼靖虜大將軍」。在之後的很長一段時間內，中國的紅夷大炮都習慣以各種「將軍」命名，「憑堅城，用（紅夷）大炮」也成為明軍應對後金攻勢的不二法門。天啟七年（1627 年），新即位的後金大汗皇太極不信西洋大炮之威力，親率四旗後金軍，圍攻錦州、寧遠。當時有私人著作《遼事述》云云：「建州兵十五萬攻錦州，城上炮火矢石，交加如雨。自辰至戌，積屍滿城下，至夜，乃退兵五里……建州兵不得志於錦州，因而攻寧遠，參將彭簪古以紅夷大炮碎其營大帳房一座。」皇太極的

攻勢再次為明朝眼中「不餉之兵，不秣之馬」的無敵神器——紅夷大炮所擊退，而以紅夷大炮裝備起來的明軍錦（州）寧（遠）防線，成為終皇太極一世後金軍隊都無法徹底逾越的「天塹」。

## 17 世紀的火器競賽

當時的紅夷大炮發射速度不快，每分鐘雖有可能達到 1～2 發，但炮管無法承受持續射擊，隔一段時間就需「休息」以冷卻，故平均每小時只可發射 8 發，每天通常不超過 100 發，且鐵炮在射擊約 600 發、銅炮射擊約 1000 發後，就已不太堪用。也就是說，當時的紅夷大炮對快速運動的步騎兵而言仍力有不逮，但對守城而言，則效果顯著。面對與明朝軍事對峙中出現的「野地浪戰，南朝萬萬不能；嬰城固守，中國每每弗下」的不利局面，吃到苦頭的後金方面也意識到擁有紅夷大炮的重要性，開始重用被俘的漢人工匠，迅速大量仿製西洋火器。

1631 年正月，皇太極命佟養性組織一批漢人軍匠仿製成第一門西式火炮，後金「造炮自此始」。滿語中的「炮」念做「poo」，顯然是從漢語借去的。皇太極將其定名為「天祐助威大將軍」。由於後金（清）統治者忌諱「夷」字，故將名稱改成了「紅衣大炮」，並一直沿用了下去。隨後，後金組建了一個新的兵種——烏真超哈，漢譯為「重兵」，即炮兵部隊。同年八月，後金軍隊在大凌河之戰中首

次使用紅衣大炮。在圍攻明軍堅固要塞於子章台時，六門紅衣大炮「擊壞台垛，中炮死者五十七人。台內明兵惶憂不能支，乃出降」。後金不但大獲全勝，更是發了一筆橫財，繳獲了 3500 門各種大小火器。「自此，凡遇行軍，必攜紅衣大將軍炮」，以騎射起家的後金軍一時竟有了「大炮百位不多，火藥數十萬猶少」的感慨。

兩年之後，1633 年，明軍中紅衣大炮最多、炮術最精的孔有德、耿仲明軍叛變，在造成「殘破幾三百里，殺人盈十餘萬」的慘境後，渡海向皇太極投降，兩人的乞降書裏還專門寫道，「火炮火器俱全。有此武器更與明汗同心合力……天下有誰敢與汗為敵乎」，完全以紅衣大炮為奇貨可居的晉身籌碼。作為明軍中唯一一支接受完整西式軍事訓練的部隊，孔、耿部的歸降使八旗軍輕而易舉地掌握了重型火炮的操控技術，並提供了一支「對城攻打，準如射的」的炮兵部隊和近 30 門最先進的紅衣大炮，極大地改變了明與後金的軍事技術力量對比。

到崇禎十二年（1639 年），清軍已擁有 60 門自製的紅衣大炮，為奪取關外重城、殲滅明軍主力做了充分準備。在松錦決戰（1642 年）中，清軍把紅衣大炮用於大規模的野戰和攻堅。清軍用數十門紅衣大炮連續轟擊錦州、塔山等明軍在松錦防線上的要塞城堡。僅松山一役，就調運了炮彈萬顆、紅衣大炮 37 門、炸藥萬斤到陣前備用。而在轟擊塔山城時，清軍的炮火「直透堅城，如摧朽物」，將城牆轟塌 20 餘丈，步兵趁勢從缺口殺入，塔山就此失陷。在清軍先用

重炮掃蕩城外的堠台等城防設施，繼而轟塌城垣，為騎兵強攻開闢通道的戰法面前，關外重鎮相繼失陷，明軍一籌莫展。

　　松錦戰敗，明軍再度失去多達 3683 件火器，包括 16 門紅衣大炮，1519 支火槍。戰後山海關外的明軍只剩下駐守寧遠的吳三桂部還存有十幾門紅衣大炮。反觀清軍，已擁有近百門紅衣大炮，甚至在很短時間內就鑄造出 35 門堪稱當時世界最高品質的鐵心銅體的「神威大將軍」炮。此炮以銅鑄成，前細後粗，長 2.83 米，隆起四道，重 1950 公斤，用藥 2.5 公斤、鐵子 5 公斤，安裝在四輪炮車上，乃是攻摧堅城的利器。關外清軍在火炮的質量和數量上俱已凌駕於明軍之上。當時尚為明朝服務的湯若望為此驚呼：「目前火器，所貴西洋大銃，則敵不但有，而今且廣有矣！」從軍力的對比來看，清軍已經擁有一支在當時「孰與爭鋒」的火炮部隊，入關逐鹿中原只是時間問題了。

　　這時，大明朝廷已在農民起義的衝擊下岌岌可危，李自成起義軍兵圍京師時，守城明軍已無意抵抗，「施放西洋炮不置鉛丸於其中，徒以硝焰震耳。猶揮手向大順軍示意，待其稍退炮乃發」。對此，崇禎皇帝也只能徒然哀歎「朕非亡國之君」而已。李自成農民軍非常重視騎兵的機動性，共有騎兵 5 營，每營精騎 5000，計 2.5 萬人。騎兵也就成為軍隊的核心力量。明軍對之評論道：「賊騎如雲，每至則漫山遍野，盡意馳驟。」相比之下，農民軍的火器主要來自繳獲的明軍火器，自己從未製造過，對火器的應用水平不高，

故三次圍攻開封城，皆只能頓兵堅城之下長圍久困而已。而在紅衣大炮面前，當時中國傳統的城牆構造已不再具備足夠的防禦能力，用滿洲貴族的話說：「將炮一百位擺作一派，憑它哪個城池，怎麼當得起三四日狠攻？」正因如此，在明失其鹿群雄逐之的情況下，缺乏火器尤其是先進的紅衣大炮的農民軍與清軍較量能力，結果實是不言而喻。這在之後清軍征服中原最為艱難的戰役之一：潼關戰役中顯露無遺：清軍利用「鐵子大如鬥」的紅衣大炮攻破了地勢險要，且是「鑿重壕，立堅壁」的潼關，迫使大順軍退出西北根據地以致最後敗亡。大清王朝也成為紅衣大炮「拿來主義」的最後贏家。

# 參考文獻

佟屏亞：《農作物史話》，北京：中國青年出版社，1979 年

中國海外交通史研究會，福建省泉州海外交通史博物館：《泉州海外交通史料彙編》，中國海外交通史研究會，1983 年

嚴中平：《老殖民主義史話選》，北京：北京出版社，1984 年

李少一，劉旭：《干戈春秋 —— 中國古代兵器史話》，北京：中國展望出版社，1985 年

莊為璣等：《海上絲綢之路的著名港口 —— 泉州》，北京：海洋出版社，1989 年

陳炎：《海上絲綢之路與中外文化交流》，北京：北京大學出版社，1996 年

何芳川：《澳門與葡萄牙大商帆 —— 葡萄牙與近代早期太平洋貿易網的形成》，北京：北京大學出版社，1996 年

陳尚勝：《「懷夷」與「抑商」：明代海洋力量興衰研究》，濟南：山東人民出版社，1997 年

周寧：《中西最初的遭遇與衝突》，北京：學苑出版社，2000 年

王兆春：《世界火器史》，北京：軍事科學出版社，2007 年

[德]貢德・弗蘭克：《白銀資本：重視經濟全球化中的東方》，劉北成譯，北京：中央編譯出版社，2008 年

宋軍令：《明清時期美洲農作物在中國的傳種及其影響研究 —— 以玉米、番薯、煙草為視角》，河南大學博士學位論文，2007 年

何鋒：《中國的海洋 —— 明朝海上力量建設考察》，廈門大學博士學位論文，2007 年

後智鋼：《外國白銀內流中國問題探討》，復旦大學博士學位論文，2009 年

田汝英：《貴如胡椒：香料與 14—16 世紀的西歐社會生活》，首都師範大學博士學位論文，2013 年

陳微：《月港開放與世界貿易網絡的形成》，福建師範大學高等學校教師在讀碩士學位論文，2006 年

熊磊：《鄭和下西洋的終結》，華中科技大學碩士學位論文，2011 年

謝瑞育：《1834 年前英國東印度公司對華茶葉貿易研究》，湖南師範大學碩士學位論文，2014 年

傅振倫：《中國瓷器的發明和發展》，《史學學刊》，1980 年第 1 期

黃桂：《關於占城稻若干問題探析》，《中國社會經濟史研究》，1998 年
第 4 期

陳立立：《景德鎮千年瓷業興衰與崛起的思考》，《江西社會科學》，
2004 年第 12 期

劉鴻亮：《明清王朝紅夷大炮的盛衰史及其問題研究》，《哈爾濱工業大
學學報（社會科學版）》，2005 年，第 7 卷第 1 期

方李莉：《絲綢之路上的中國瓷器貿易與世界文明再生產》，《雲南師範
大學學報（哲學社會科學版）》，2016 年，第 48 卷第 4 期

　　此外，在寫作本書的過程中，作者還參閱了大量前輩名家和諸多老
師、學長的文章，限於篇幅，無法一一列出，在此謹向各位前輩師長表
示誠摯的感謝。

# 絲路小史（海絲卷）

郭曄旻　著

責任編輯　李茜娜
裝幀設計　林曉娜
排　　版　劉葉青
印　　務　劉漢舉

出版　　中華書局（香港）有限公司
　　　　香港北角英皇道 499 號北角工業大廈一樓 B
　　　　電話：（852）2137 2338　傳真：（852）2713 8202
　　　　電子郵件：info@chunghwabook.com.hk
　　　　網址：http://www.chunghwabook.com.hk

發行　　香港聯合書刊物流有限公司
　　　　香港新界荃灣德士古道 220-248 號
　　　　荃灣工業中心 16 樓
　　　　電話：（852）2150 2100　傳真：（852）2407 3062
　　　　電子郵件：info@suplogistics.com.hk

印刷　　美雅印刷製本有限公司
　　　　香港觀塘榮業街 6 號海濱工業大廈 4 樓 A 室

版次　　2021 年 6 月初版
　　　　© 2021 中華書局（香港）有限公司

規格　　32 開（210mm×145mm）

ISBN　　978-988-8758-66-1

本書繁體字版由浙江大學出版社授權出版、發行。